# 目的別・年代別の
## シミュレーションで徹底解説
# 新NISA
## を最大限使いこなすには
# どうすればいいですか

アセットマネジメントOne
未来をはぐくむ研究所
花村泰廣 編著

日本実業出版社

# はじめに

## こんにちは。投資信託の「中の人」です

2024年から新しいNISA（ニーサ）の制度である「**新NISA**」が始まります。本書を手にされた方の中にも、これを機に投資を始めようと検討されている方が多くいらっしゃることでしょう。また、すでに、つみたてNISAや一般NISAをやっていて、制度の違いや活用方法が気になっている方もいらっしゃると思います。いずれにせよ、どなたにとっても関心があるのは、「**新NISAで、お金を上手に増やすにはどうすればよいの？**」ということではないでしょうか。

本書は、そんな誰もが気になる「**新NISAを活用した資産形成について解説した本**」です。

新NISAの制度そのものについては、ほかの書籍やネットでもわかりやすい解説がたくさん出

ていますので、本書はより実践に役立つ内容にこだわりました。

実際に新NISAでどのような投資プランを立てれば、豊かな将来をつくっていくことができるのか。教育費に使うなら、どんな投資がよいのか。どうすれば一生、資産を持たせられるのか――こういった、**年齢や家族構成によって変わる投資への期待と目的を考慮し、さまざまな投資プランを紹介することに特化しているのが特徴です。**

たとえば、次のようなケースでの投資プランをご紹介しています。

- 子ども1人につき300万円の教育費を3人分使っても、65歳までに3000万円をつくることができる投資プラン
- 50歳から老後資金づくりをスタートし、65歳以降は月10万円取り崩しても95歳まで資産を持たせられる投資プラン
- フリーランスで70歳まで働き、その後は月16万円ずつ取り崩しても90歳まで資産を持たせられる投資プラン

このような、合計17ケースのシミュレーションに、ページの多くを使用しました。いずれも「絵に描いた餅」にならぬよう、無茶な投資額は設定していません。あまり高いリスクを取らない、

現実的に再現可能な投資プランです。

　本書をお読みいただければ、新ＮＩＳＡがどのような制度であるかはもちろん、目的に合わせて「どのような投資信託を」「いつ」「どれくらい」買えばよいかがわかります。

　また、**資産を増やすだけでなく、「使う」部分について踏み込んでいるのも、本書の特徴です。**新ＮＩＳＡを教育費や老後資金に活用するために、これまであまり語られてこなかった資産の「移し替え」や「取り崩し」についても、しっかりお伝えしていきます。


　自己紹介が遅れました。はじめまして。私は花村泰廣と申します。株式会社みずほフィナンシャルグループと第一生命ホールディングス株式会社の傘下の資産運用会社「アセットマネジメントＯｎｅ」において、個人投資家向けの金融経済教育を中心に行う「未来をはぐくむ研究所」で主席研究員として働いております。

　「アセットマネジメントＯｎｅ」という社名を聞いてもピンとこない方もいらっしゃると思います。簡単にご説明しますと、投資信託をつくって運用している会社です。代表的なファンドには、おかげさまでＮＩＳＡでも多数の方にご利用いただいている「たわらノーロード」シリーズなどがあります。

　また、年金基金から年金の運用も託されており、全体の運用資産残高は約65兆円（２０２３年

6月末時点）と、国内有数の規模を誇ります。
一言でいうなら「**投資信託の中の人**」。そう覚えてくだされば幸いです。

投資信託を運用する会社の人間がつくる本ですので、本書でご紹介する新ＮＩＳＡでの投資プランは、投資信託に特化したものとなります。新ＮＩＳＡでは、投資信託以外にも国内外の株式やＥＴＦなどが購入できますが、それらについては深く触れませんので、その点はご了承いただければ幸いです。

また、投資プランの偏りをなくし、より幅広い視点で検証するため、本書の制作にあたっては私以外に弊社から3名のファイナンシャルプランナーやＤＣプランナー（企業年金総合プランナー）の有資格者にも協力してもらいました。ライフステージの異なるメンバーで検証することで、リアルな家計背景やマネー課題をとらえ、より実用的な内容に仕上げています。

ざっと本書の流れについてご説明しますと、第1章では、新ＮＩＳＡの概要について簡単に解説します。前述した通り、概要についてはネットやほかの書籍、雑誌でも詳しく書かれていますので、ここでは基本的な特徴について押さえます。
第2章では、新ＮＩＳＡによって、投資はどのように変わるのか。制度の変更点を踏まえて使い方のコツや、年代別のポイントをご紹介します。
第3章、第4章は新NISA制度を活用した投資シミュレーションです。第3章では20代から40代まで、第4章では50代以降のシミュレーションをご紹介していきます。
第5章は、新NISAでの投資の要《かなめ》となる投資信託についてです。「投資信託の中の人」として、投資信託の基本から、自分に合う商品を選ぶ手順についてまで解説します。資産形成を成功させるには、目的に合う投資信託を選ぶこと、自分のリスク許容度に合わせて商品を選ぶことが大切です。知っているのといないのとでは、大きな差がつく部分が多いので、ぜひご一読ください。

これから投資を始めたい若い方はもちろん、老後資金の〝置き場所〟として新NISAを活用したい50代、60代の方にもヒントがあろうかと思います。新NISAでの投資生活の友として、ぜひ本書をお手元に携えていただければ幸いです。

2023年11月　花村泰廣
佐藤　啓
本田英都
西岡薫子

新ＮＩＳＡを最大限使いこなすにはどうすればいいですか？◎目次

CONTENTS

第3章

# ケース別　資産形成リアルシミュレーション　20〜40代編

CONTENTS

第4章

# ケース別 資産形成リアルシミュレーション 50～60代編

編集協力◎大上ミカ（カクワーズ）
カバーデザイン◎沢田幸平（happeace）
イラスト◎斉藤ヨーコ
本文DTP◎一企画

# ディスクレーマー（責任に関する注意事項）

## 投資勧誘を行わない

本書は、情報提供を目的とするものであり、投資家に対する投資勧誘を目的とするものではありません。

## データについて

本書に掲載したデータは信頼できると判断したものにより作成しておりますが、その内容の完全性、正確性について保証するものではありません。また、掲載データは、将来の運用成果を保証するものではありません。

## 元本保証されない

本書に掲載されている投資信託の基準価額は変動しますので、投資者の皆さまの投資元本が保証されているものではなく、運用による損益はすべて投資者の皆さまに帰属します。

## 会社の見解ではない

本書の記載内容に誤りなどがあればすべて筆者に帰属するものです。また、本書の内容はすべて筆者の私見であり、筆者の所属する組織の見解を示すものではありません。これらは予告なく変更されることがあります。

## 税務関係について

本書で紹介している税制は2023年10月時点の見通しによるものです。税法が改正された場合等には、本内容が変更になる場合があります。税金の取扱いの詳細については、税務専門家等にご確認されることをお勧めします。

# 本書の案内人

私たちが新NISAの使いこなし方を解説します！

花村泰廣

佐藤啓

本田英都

西岡薫子

# 第1章

# 新NISAについて知ろう

1-1

# よりお得に使いやすく！新NISAの改正ポイント

## 2024年から、使いやすい非課税制度「新NISA」が始まる

2024年1月から新しく「新NISA」が始まります。「NISA」とは、個人投資家向けにつくられた非課税制度のこと。**金融機関でNISA口座を開くと、その口座で取引した金融商品は非課税で取り扱われます。**

非課税になるというのは、通常は金融商品を運用して得た利益にかかる約20%（正確には20・315%）の税金がかからないということです。たとえば、商品を運用して100万円の利益が出た場合、通常の口座では約20万円の税金がかかり、手元に残る利益は約80万円です。しかし、NISA口座ではまるまる100万円が利益として残ります。とてもお得というわけですね。

2023年までは、NISAには「つみたてNISA」「一般NISA」「ジュニアNISA」

## NISA制度の仕組み

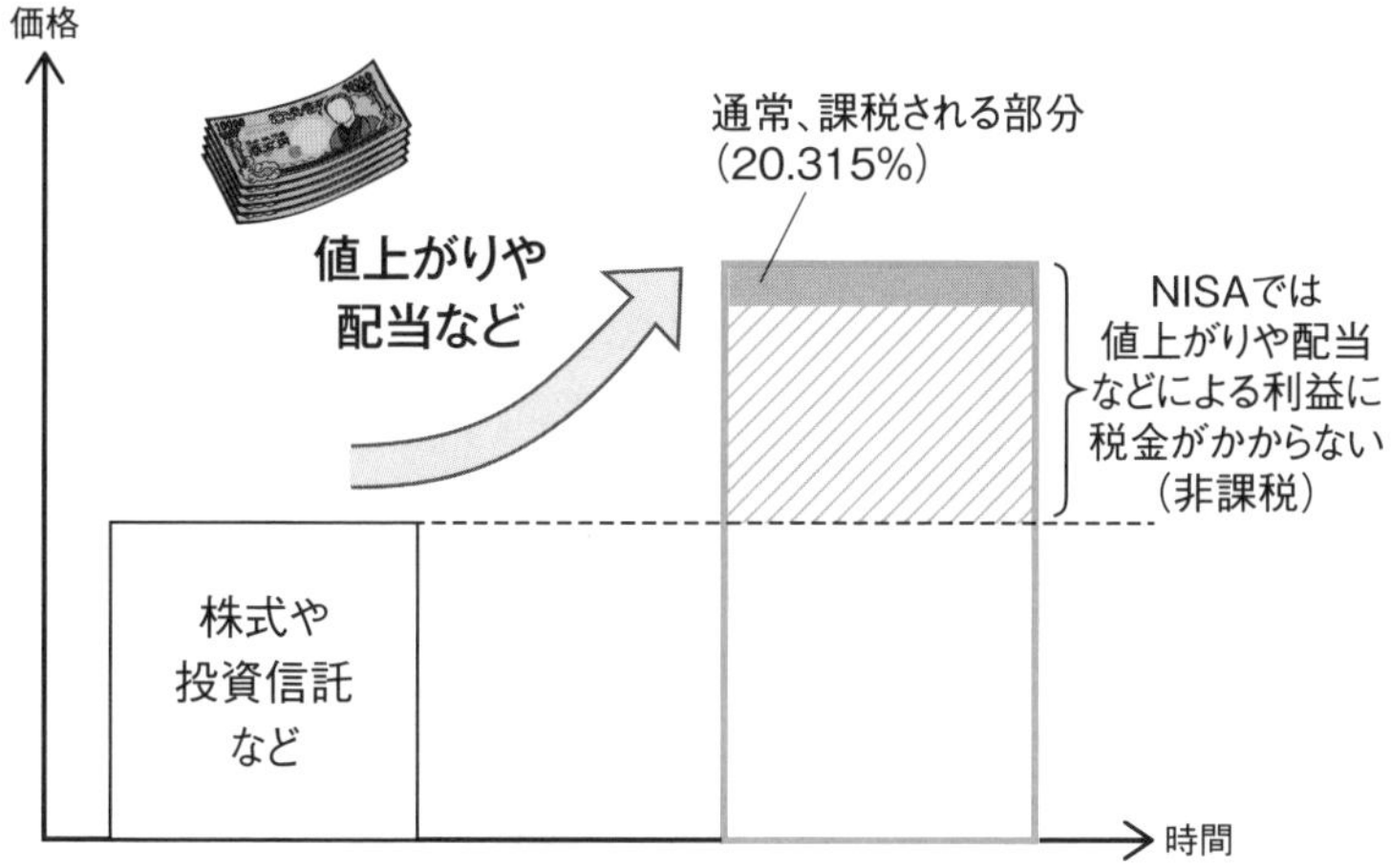


## NISA制度の変更

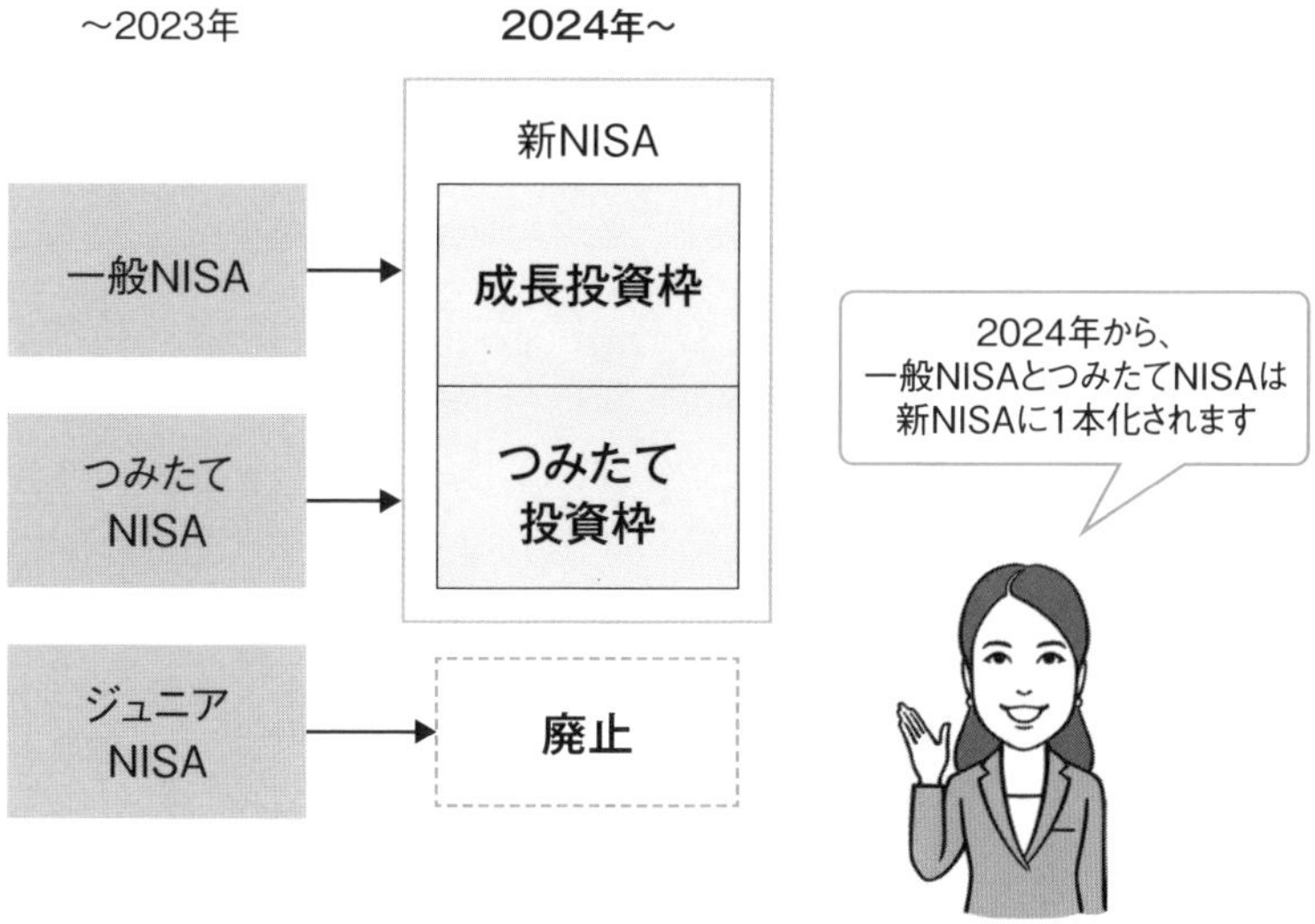

の3つがありますが、**2024年からはつみたてNISAと一般NISAが新NISAとして統合され、ジュニアNISAは廃止されます**。つまり、新たに非課税で投資できるのは新NISAのみです。この新NISA口座は、18歳以上であれば、1人につき1つ、開設することができます。

新NISAとはどんな制度なのか。一言でいえば、これまでよりもずっと柔軟な投資ができる、とてもお得で使いやすい制度です。従来よりも使いやすくなる主な改正ポイントを見ていきましょう。

### ◇ポイント1　非課税投資期間が、一生涯となる

新NISAは、今回の改正で恒久化されます。これまで、つみたてNISAでは最長20年、一般NISAで5年と、非課税で投資できる期間に期限が設けられていました。**これが新NISAでは撤廃され、非課税投資期間が無期限となります**。つまり、口座開設後は一生使える非課税投資口座となるのです。

新NISAの制度改革で、最も大きいのがこの非課税投資期間の恒久化だと思います。**恒久化されることで、自分のライフプランに合わせて、より柔軟な投資が可能になる**からです。

これまでのつみたてNISAや一般NISAでは、非課税投資期間が終わる手前で相場が下落した場合、次の上昇局面の前に非課税投資期間が終了してしまう可能性がありました。もし利益が出ないまま終わってしまうと、NISAのメリットである非課税の恩恵がまったく受けられません。そのため、これまでは「非課税投資期間が終わるときにどうするか」という、いわば出口にしばられた投資判断をせざるを得ない面がありました。

新NISAでは制度が恒久化されることで、この出口問題が解消されます。そもそも、**投資をするうえで非課税であることはあくまでオプションです。**

非課税期間があるから買う、終わるから売るのではなく、老後資金や教育費など目的に合わせた資産形成の選択肢として投資を使い、非課税であればより効果的だということ――これが、本来のあるべき姿です。

恒久化により、出口を気にすることなく投資判断が行えるようになるのは、資産形成のうえで非常に歓迎すべきことだと思います。

### ◇ポイント2　資産を売却すると、非課税投資枠が復活する

新NISAで投資できるのは、生涯で1800万円までです。この1800万円は「**生涯投資**

## 新NISAの３つのポイント

### ポイント１　非課税投資期間の恒久化

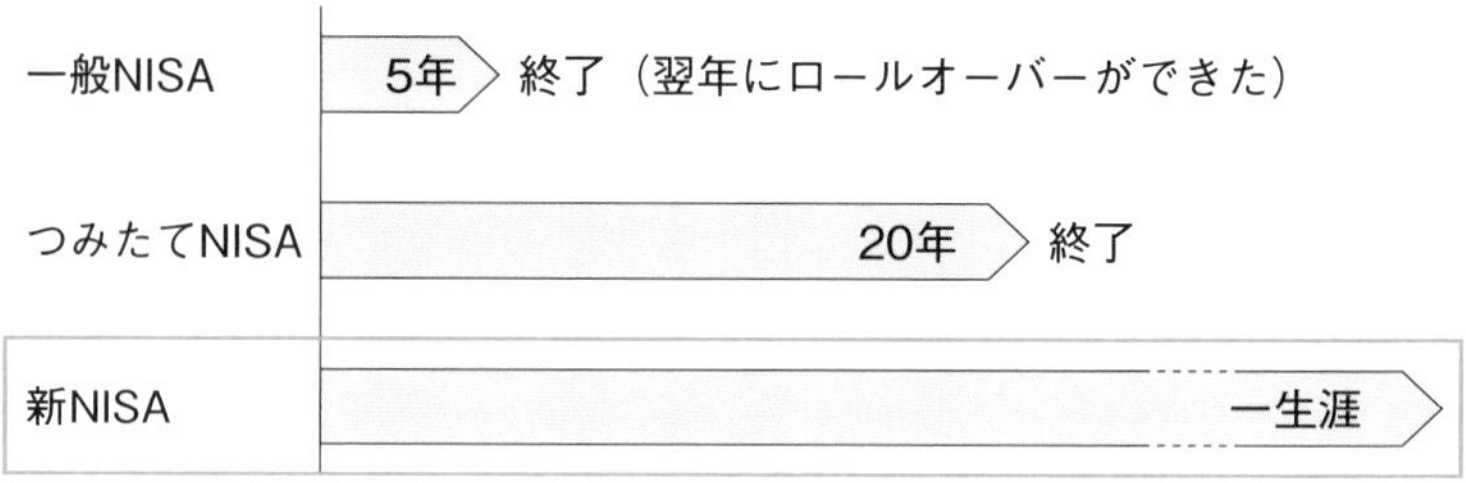


### ポイント２　売却した元本分が翌年復活

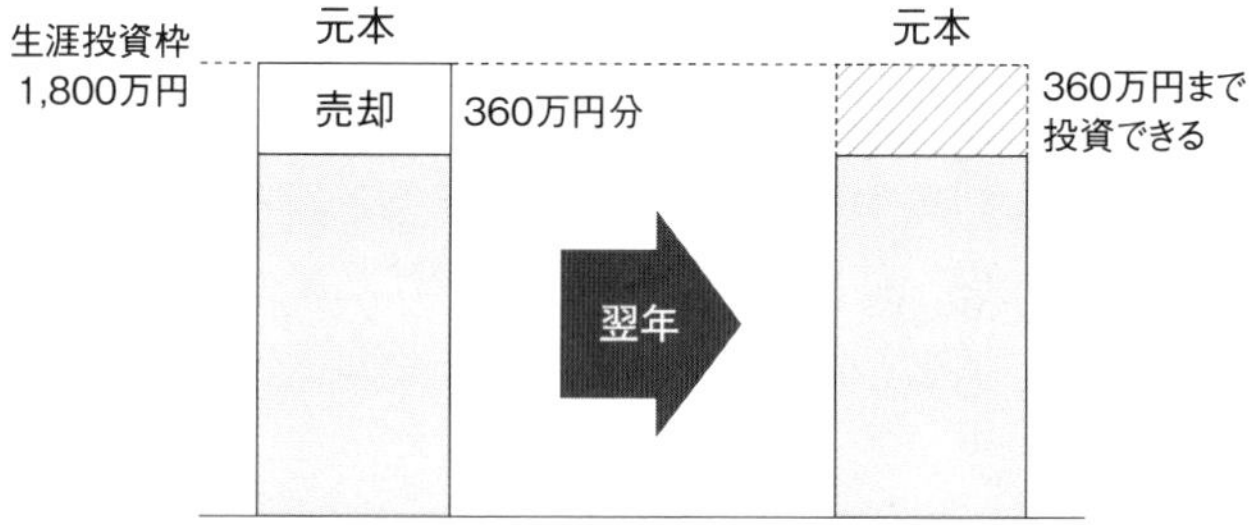


### ポイント３　投資額・投資期間を柔軟に決められる

（たとえば、毎年30万円を投資する場合）

| | | | |
|---|---|---|---|
| 一般NISA | 年間120万円上限×５年 | ──→投資額は最大で | 150万円 |
| つみたてNISA | 年間40万円上限×20年 | ──→　〃 | 600万円 |
| 新NISA | 年間360万円上限×無期限<br>（つみたて投資枠120万円<br>成長投資枠240万円） | ──→　〃 | 1800万円 |

**枠」**と呼ばれ、2024年以降に新NISA口座で新たに投資した金額の累計でカウントされます。ただし、**もし仮に1800万円を投資してこの枠を使い切ってしまったとしても、資産を売却すると投資元本部分が復活し、また使えるようになります。**

たとえば子どもの教育費が必要になり、コツコツ積み立てた資産から300万円分を売却したとしましょう。すると、新NISAの口座内で、売却した300万円の利益部分と元本部分が自動計算されます。仮に利益が100万円、元本が200万円だった場合、この元本部分に相当する200万円分は、非課税投資枠として翌年復活し、また投資できるようになるのです。ただし、この場合でも翌年の年間投資枠が増えるわけではないことには、注意が必要です。

これまでのつみたてNISAや一般NISAでは、一度使った非課税投資枠は、売却しても復活しませんでした。このため、「売却は損。少しでも長く保有して資産を成長させないともったいない」と、これもまた投資判断が制度にしばられる原因となっていました。

もちろん、資産形成のうえでできるだけ長く保有することは、大切なセオリーです。しかし、制度にしばられて使うべきときに売却できないというのは、本来の投資の目的から外れてしまいます。

非課税投資枠が復活することで、「売却は損」という心理的なしばりを減らせ、必要に応じて柔軟な売買ができるようになります。仮に、教育費や住宅購入のために資産を売却したとしても、復活する非課税投資枠を使って、老後資金をつくっていくことが十分可能です。

第3章、第4章ではこうした売却&資産の再形成プランをたくさんご紹介しております。ぜひ参考にしてみてください。

## ◇ポイント3　今年の非課税投資枠を使わなくても、生涯投資枠は減らない

新NISAで投資ができるのは、生涯で1800万円までとお伝えしましたが、年間で投資できる額も決められており、最大で360万円です（詳しくは後述します）。ただし、**その年の非課税投資枠をすべて使わなくても（あるいは投資を休んだとしても）、残りの生涯投資枠が減るわけではありません。**

これまでのつみたてNISAや一般NISAは、その年に使わなかった非課税投資枠を翌年に繰り越すことができませんでした。そのため、「年間の非課税投資枠は目一杯使い切らないともったいない」と、これも投資判断が制度に影響される傾向にあったのですが、新NISAでは前述のように、年間の非課税投資枠とは別に、生涯投資枠が設定されています。そのため、無理に年間の非課税投資枠を使い切る必要はないのです。

家計に余裕がないときは投資額を減らし、逆に積極的に投資したいときは十分な投資枠が用意されているのでグッと増やすことができます。これも、投資が柔軟にできるようになるポイントといえるでしょう。

## 投資本来の目的に沿った運用ができる

このように、新NISAは改正によって、これまでよりもずっと使いやすく、本来の目的に沿った運用ができるようになります。**自由度が増すからこそ、より柔軟な視点と長いタームを見据えた投資スタンスを持つことが、とても大切です。**

より実りの大きな投資にするために、ここで紹介した改正ルールや次の項で解説する制度の具体的なスペックを、きちんと押さえておきましょう。

## 1-2

# ペース配分が大事。新NISAの上限枠を押さえよう

### 生涯投資枠は、1人につき1800万円まで

新NISAは、生涯使える非課税投資口座として、かなり自由度の高い設計になっています。まず、繰り返しになりますが、新NISAの生涯投資枠は1人1800万円までと、かなり大きな額が用意されています。これまでは、つみたてNISAで最大800万円、一般NISAでは最大600万円まででしたので、大幅に拡充された形です。非課税投資枠が復活する点も考慮すると、**多くの人にとって新NISAが資産形成のベースになる**といっても過言ではないでしょう。

生涯投資枠は、投資した額（元本）で管理されるので、資産が成長して増えた分はカウントさ

れません。たとえば、500万円投資して資産が700万円に増えたとしても、生涯投資枠としてカウントされるのは、500万円のみです。その後資産がさらに成長して2000万円になろうと3000万円になろうと、投資した額が生涯投資枠内であれば、そのまま非課税で運用できます。

**また、この生涯投資枠は、新NISAのみでのカウントです。つみたてNISA、一般NISAでこれまで投資した額は含まれません。**

投資できる額がこれまでより増え、また運用できる期間も長く設定できるので、非課税の恩恵も単純に大きくなります。

たとえば総額1800万円投資して、1000万円の利益が出た場合、通常の課税口座であれば利益に対しておよそ20%の税金がかかりますから、額として約200万円が利益から引かれてしまいます。しかし、新NISAでの運用なら1000万円まるまる手元に残せるので、単純に約200万円も使えるお金が増えるのです。

そんなに投資できない、そんなに利益が出せるはずがないと思われるかもしれませんが、大きな額を投資しなくても長期でコツコツ運用すれば、数千万円の資産形成も十分可能です。その分、非課税の恩恵も期待できるでしょう。

## 年間の非課税投資枠は合計360万円まで

新NISAには大きな非課税枠が用意されていますが、たとえ資金があったとしても一括で1800万円を投資することはできません。**年間で投資できる額は360万円までに制限されている**ためです。たとえば退職金や相続、住宅の売却などでまとまったお金が入り、いますぐ1000万円を新NISAで運用したいと思っても、年間360万円ずつしか投資できないのです。

さらに、この360万円は次に解説する2つの枠で、上限額が決められています。それぞれ、見ていきましょう。

## 新NISAには、つみたて投資枠と成長投資枠がある

新NISAには、「**つみたて投資枠**」と「**成長投資枠**」の2つの枠が用意されています。現行のつみたてNISAはつみたて投資枠、一般NISAは成長投資枠として引き継がれるイメージです。

いままでは、積立投資に特化するつみたてNISAか、上場株式なども購入できる一般NISAのどちらかを選択しなければなりませんでしたが、新NISAでは1つの口座で両方に投資することが可能になります。ただし、それぞれの枠で投資できる上限額が決められています。

**つみたて投資枠では年間120万円まで、成長投資枠では年間240万円までです。**両方合わせて、年間で360万円が上限というわけですね。

## 成長投資枠で投資できるのは最大1200万円まで

生涯投資枠は、つみたて投資枠と成長投資枠に投資した金額の合算でカウントされます。必ずしも両方の枠を使う必要はなく、つみたて投資枠だけで1800万円の生涯投資枠を使い切ることも可能です。

ただし、成長投資枠だけで投資する場合は注意が必要です。**成長投資枠の最大投資額は1200万円に決められているため**です。たとえば、購入したい金融商品が成長投資枠にしかないなど、成長投資枠しか使わない場合、生涯投資枠は最大で1200万円と少なくなります。

## 「4つの枠」を常に意識する

「新NISAで1800万円も投資できないから、生涯投資枠を使い切る心配はない」と思われるかもしれませんが、長期で投資を続けていけば案外到達してしまいます。たとえば、月3万円ずつ、加えてボーナスから年2回20万円ずつ投資した場合、23年あまりで1800万円の生涯投資枠を使い切る計算になります。若い世代なら、定年退職する前に生涯投資枠を使い切る可能

**新NISAの４つの枠の概要**

| | つみたて投資枠 | 成長投資枠 |
|---|---|---|
| 年間投資枠 | 120万円 | 240万円 |
| 生涯投資枠（非課税保有限度額） | 1800万円 | 1200万円（内数） |

性も十分あるでしょう。

あるいは、長い投資期間の間には、相続や退職金などでまとまった金額が手に入ることもあります。そうしたお金を新ＮＩＳＡで運用したいと考える場合、「つみたて投資枠」と「成長投資枠」、「年間投資枠」と「生涯投資枠」の４つの枠のルールを考えて投資額を配分していく必要があります。

新ＮＩＳＡを上手に活用するために、４つの枠については、常に頭の片隅にメモしておくようにしましょう（上の図表を参照）。

コラム

# 「つみたて投資枠」と「成長投資枠」の投資配分プランの例

これまで、つみたてNISAで月３万円程度の積立投資をしてきて、新NISAでも同じように続けたいと考える方もいらっしゃるでしょう。この場合、投資額は年間40万円ほどとなり、新NISAの年間の非課税投資枠を超えることはありません。月３万円のペースならば生涯投資枠を使い切るのに50年かかるので、あまり４つの枠のルールを気にする必要はないでしょう。

しかし、月10万円を超えるなど、投資額が多くなる場合は、２つの枠の配分を考えていく必要が出てきます。そこでここでは、つみたて投資枠と成長投資枠の積み立ての配分パターンをいくつかご紹介します。投資プランの参考にしてみてください。

## ① 月３万円ずつつみたて投資枠で投資

月３万円ずつ積み立てると、50年で１８００万円に到達。

実際には、50年間積み立てできる人は少ないでしょう。仮に30年間継続した場合では１０８０万円、40年間継続なら１４４０万円の累計投資額になります。

## ②つみたて投資枠に月3万円、成長投資枠に月5万円投資

つみたて投資枠に月3万円を25年間積み立て、成長投資枠に月5万円を15年間積み立てると、1800万円に到達。

つみたて投資枠と成長投資枠で目的を分けて投資したい場合は、4つの枠を上手に使う必要があります。

## ③つみたて投資枠に月3万円、成長投資枠に20万円×年2回投資

つみたて投資枠に月3万円、成長投資枠に20万円を年2回投資すると、23年あまりで1800万円に到達。

30代半ばまでのスタートであれば、現役中に生涯投資枠を使い切ります。

## ④つみたて投資枠に月10万円、成長投資枠に120万円×年2回

つみたて投資枠に月10万円、成長投資枠に120万円を年2回積み立てると、5年（最短）で1800万円に到達。

つみたて投資枠の年間上限は120万円ですので、均等に毎月投資する場合、月10万円が最大となります。つみたて投資枠を上限まで使いつつ、相続した財産や退職金などのまとまった資金

は成長投資枠を使って一気に新NISAに回したい場合においては、このようなプランも選択肢となります。

### ⑤つみたて投資枠に月10万円、成長投資枠に月20万円

つみたて投資枠に月10万円、成長投資枠に月20万円を積み立てると、5年で1800万円に到達。

④のようにまとまった資金で一度に買うのは心配という場合は、成長投資枠で月20万円ずつ積み立てれば、時間の分散をしながら生涯投資枠の範囲内で資産の移し替えも可能です。

### ⑥成長投資枠に年間240万円投資

年240万円を成長投資枠で投資すると、5年間で1200万円に到達。

老後資金用に退職金などを運用したい場合、つみたて投資枠の対象商品以外の商品に成長投資枠で投資することも考えられます。もちろん一括で買わずに、何回かに分けて買ってもよいでしょう。

# 1-3

# 資産形成しやすい！ 新NISAの投資信託

NISAで買える金融商品には制限があります

## つみたて投資枠で買える商品は、株式型かバランス型の投資信託がメイン

新NISAで購入できる商品は、つみたて投資枠と成長投資枠で異なります。つみたて投資枠で購入できるのは、これまでのつみたてNISAの対象商品と同じく、金融庁が定める条件を満たした投資信託、またはETF（上場投資信託）などです。なお、投資信託とはどういう商品なのかを知りたい人は、第5章にて詳しく解説していますので、先にそちらをお読みいただいてもいいでしょう。

つみたて投資枠で買える商品は、つみたてNISAの対象商品がそのまま引き継がれる形で、現在は257本あります。このうち249本が一般的な投資信託で、残りはETFです（202

3年10月26日現在)。

購入できる投資信託のカテゴリーは、国内や海外の株式に投資する株式型か、株式を含みつつ、債券やREIT(不動産投資信託)などにも投資するバランス型(**バランスファンド**)のみです。債券型のファンドやREIT型のファンドを買いたい場合は、成長投資枠を使うことになります。

## つみたて投資枠は、低コストなインデックスファンドが中心

つみたて投資枠で購入できる投資信託は、株式型か株式を含むバランス型のみですが、その多くが「**インデックスファンド**」となります。**インデックスファンドとは、市場の値動きを表す指数(インデックス)に連動することを目指す投資信託のことです。**

市場には「日経225」「ニューヨークダウ」などさまざまな指数がありますが、つみたて投資枠で購入できるのは、主に金融庁が指定した指数(「**指定インデックス**」といいます)に連動するものになります(182ページ図表を参照)。指定インデックスの商品は数百、数千という銘柄を投資対象としており、相対的にリスクを分散できる商品が揃っているといえるでしょう。

さらに低コストであることも条件です。投資信託は、我々を含めプロが設計し、運用していくためコストがかかります。個人投資家の皆さんが負担されるコストは主に3つあり、①購入時手

数料（購入時にかかるコスト）、②信託報酬（保有中にかかるコスト）、③信託財産留保額（売却時にかかるコスト）です（163ページ図表を参照）。つみたて投資枠で販売される投資信託については、こうしたコストに対し、金融庁は条件を設けています。

まず、①の購入時手数料はすべて無料になります。②の信託報酬（保有中に資産から毎日差し引かれる手数料）は、すべての投資信託にかかりますが、インデックスファンドの場合、国内資産であれば0・5％以下、海外資産であれば0・75％以下と低い水準に抑えられています。③の売却時にかかる信託財産留保額については条件はありませんが、そもそもかからない商品が多いです（なお、ここでの手数料の表記はいずれも「年率」です）。

## アクティブファンドという選択肢も

金融庁が、2018年につみたてNISAをスタートさせる際、このような条件を定めたのは、投資初心者でも長期・積立・分散に向く商品を選べ、資産形成しやすくするためでした。

たとえば手数料が低いのは、運用成果を極力減らさないためです。購入できる投資信託が株式型、または株式を含むバランス型なのも、長期の運用では株式ならば経済成長に合わせて株価の上昇が期待できるからです。もともと、つみたてNISAは「海外株式指数に20年投資すれば、どの時代であってもプラスのリターンとなった」というデータもあり、株式での資産形成を前提に考えられた制度といえるのです。

なお、つみたて投資枠には、指数以上の運用成果を目指す「**アクティブファンド**」もありますが、信託報酬は国内資産で1・0％以下、海外資産でも1・5％以下と、上限が設けられています。さらにインデックスファンドにはない「運用期間が5年以上」「純資産総額が50億円以上」などの条件も加えられています。

つまり、つみたて投資枠で販売されているインデックスファンドとアクティブファンドのいずれも、金融庁が定める条件を満たした商品です。新NISAで初めて投資をスタートする方でも、つみたて投資枠であれば、商品を選びやすいでしょう。

ただし、**そもそも株式型のファンドは、投資信託全体のなかでは相対的にリスクが高いカテゴリーです**。なんとなく「つみたて投資枠は初心者向きでリスクが低そう」というイメージがあるかもしれませんが、これは誤解です。実際にリスクが低い債券型などのファンドは、つみたて投資枠では買えません。

投資信託での投資は、商品選びが非常に重要です。つい、「つみたて投資枠か、成長投資枠か」

「インデックスファンドか、アクティブファンドか」から入ってしまいがちですが、大切なのは**「何に投資したいのか」**です。自分はどんな**ポートフォリオ（資産構成）**にしたいのか、どのくらいまでならリスクを取れるのか。このような基本的な投資スタンスを考えてからファンドをチェックすれば、ランキングや流行の情報に流されず、納得のいく商品選びができるでしょう。なお、自分に合う投資信託の選び方は、第5章で解説します。

## 成長投資枠でも、投資信託には条件がつく

つみたて投資枠で購入できる投資信託は、販売する金融機関のラインナップにあるものは成長投資枠でも買うことができます。家計に余力があり、**つみたて投資枠の年間120万円を使い切ってさらに上乗せして投資したい場合は、成長投資枠で同じ商品を積み増しすることも可能**です。

成長投資枠では、つみたて投資枠にはない投資信託も投資対象となります。ただし、前身である一般NISAと違い、資産形成の観点から次の条件が課されることになりました。

### ◆成長投資枠で購入できる投資信託の条件

● 信託期間が無期限、または20年以上あるもの

●決算頻度が毎月ではないもの
●デリバティブ取引を用いた一定の投資信託（為替ヘッジのようなリスクヘッジ目的のものは除く）ではないもの

ほとんどの投資信託を自由に買えた一般NISAとは異なり、**長期的な資産形成に適さないもの、リスクが高いものは成長投資枠からは除外される形**です。なお、対象となる商品は、「一般社団法人投資信託協会」のホームページで確認できるので、気になるファンドが対象となっているかどうかを知りたいときはチェックしてみましょう。

投資信託以外にも、成長投資枠で購入できる金融商品は幅広くあり、国内株式、外国株式、国内ETF（上場投資信託）、海外ETF、上場REIT（不動産投資信託）も対象です。一方で、金・プラチナ、債券（ファンドを除く）、FX（外国為替証拠金取引）などは対象外です。

## 成長投資枠の投資信託なら、より細かく投資先を選べる

成長投資枠で購入できる投資信託について、もう少し詳しく見ていきましょう。成長投資枠で買付可能な一般的な投資信託は1682本が届出されています（2023年10月2日現在）。

先ほども説明した債券型の投資信託や、REIT（不動産投資信託）型のほか、AIやバイオ、

## つみたて投資枠と成長投資枠の対象投資信託

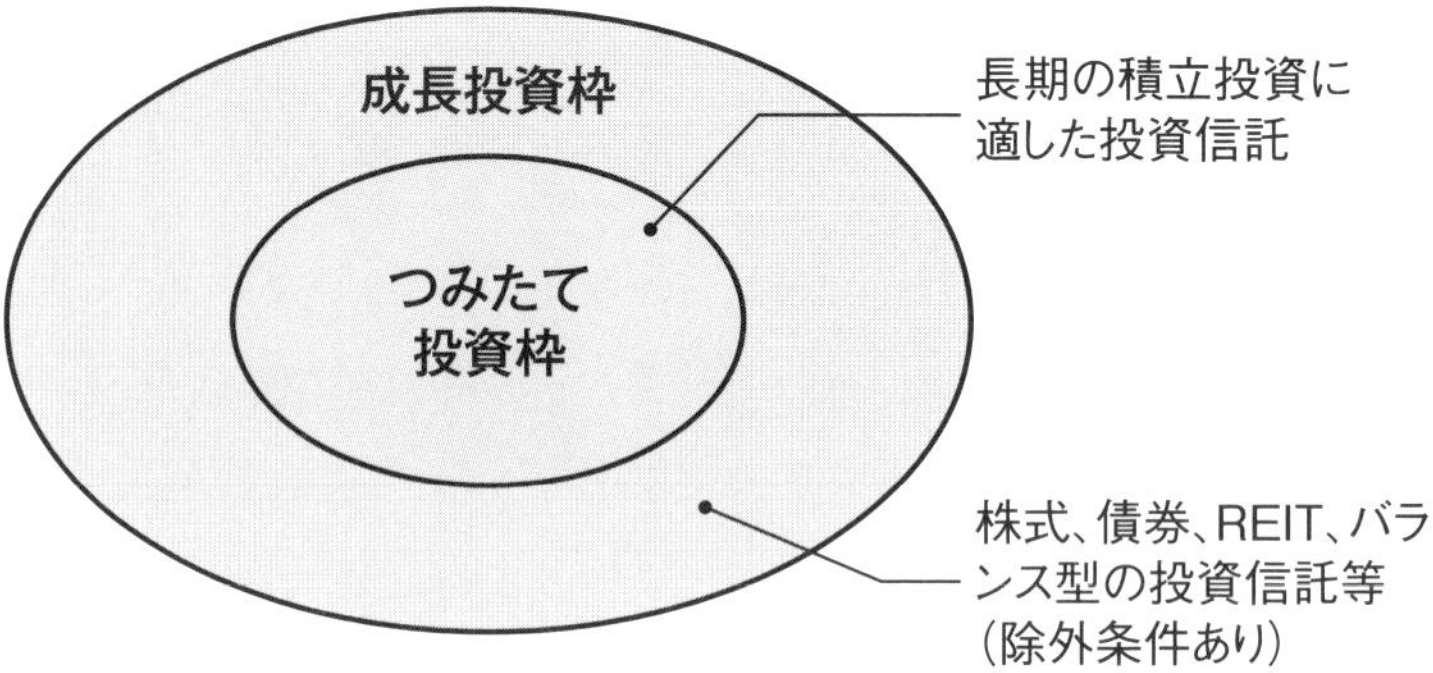


ロボティクスなどのテーマ型や、中小型株に集中投資する商品なども対象です。

株式の中でもより高い成長が期待できるのは、大型株よりも中小型株ですので、より高いリターンを狙いたい人はこうした商品を研究してみるのも面白いでしょう。

「何に投資したいか」が明確にあれば、つみたて投資枠よりも選びがいがあり、自分の考えを反映した投資がしやすいのが成長投資枠です。

こうしたユニークなファンドは、これまで一般ＮＩＳＡでしか買えませんでした。つみたてＮＩＳＡを選んだ人は、テーマ型のファンドやＲＥＩＴ型のファンドは、課税口座で買う必要がありましたが、今後は成長投資枠を使えば、非課税口座での投資が可能になります。

たとえばつみたて投資枠では安定的なバランスファンドをコア（メイン）として買って、成長投資枠で気になるテーマ型の投資信託をサテライト（サブ）的に買い足すといったポートフォリオの組み方もよいでしょう。

あるいは、定年が近づいて投資のリスクを下げたい場合は、株式型のファンドの積み立てをやめて、成長投資枠で債券型のファンドを買っていくなど、新NISAの口座内でリスクを調整することが可能です。

## 購入できる商品は金融機関により異なる

つみたて投資枠でも、成長投資枠でも、購入できる商品は金融機関によって異なります。たとえば、株式は証券会社のみの取り扱いとなり、銀行では購入できません。投資信託も金融機関ごとに購入できるラインナップが全く違ってきます。自分の買いたい商品が販売されているかどうかを確認したうえで、口座を開設する金融機関を決めることが大切です。

コラム

## 初心者の最大の難所は証券口座の開設

資産運用をこれから始めたいという初心者の方にとって金融機関で証券口座を開設することが、最大の難所といっても過言ではないようです。実はアセットマネジメントOneにも、投資はこれから考えたいという社員もいます。そうした社員を集めて座談会をしたところ、最も難しく感じるのが、証券口座の開設だということでした。手続きに時間がかかりそうというイメージを持っていて、重い腰が上がらないということもあるそうです。

実際の手続きとしては、決して難しくありません。新NISAの口座を開くには、まず金融機関の総合口座を開き、そこからNISA口座を開けば完了です。しかし、金融機関のホームページを見ると、見慣れないワードが並ぶ画面にとまどいがちです。

初心者が総合口座開設を申し込む場合も、「特定口座」か「一般口座」か、「源泉徴収あり」か「なし」かなど、判断しなければいけないステップが多く、最後まで辿り着けずに離脱してしまうケースが非常に多いのです。

なお、自分で税金の計算や確定申告をしないですむのは、「特定口座」の「源泉徴収あり」です。

迷ったら、これを選べば、申告漏れを防ぐことができて安心です。

投資を始めたくても、口座開設の仕方がよくわからなくて始められないのであれば、資産形成できる時間がそれだけ短くなることを意味し、とてももったいないことです。どうしても証券口座を開くのが難しければ、銀行や証券会社など、対面で口座開設ができる金融機関でつくるという手もあります。銀行の場合、株式などは購入できず、投資信託のラインナップも限られてきますが、つみたて投資枠対象のファンドはだいたいどこも揃っています。

慣れてきて、やっぱり証券口座で投資してみたいと思ったら、手続きを踏めば金融機関を変更することもできますので、スタートを遅らせすぎないようにしましょう。

ただし将来、別の金融機関に口座を移動する場合、旧口座の資産を新口座に移管することはできません。旧口座はそのまま非課税で運用できますが、新口座ではまた一からの投資スタートになります。なお、生涯投資枠は旧口座との合算でカウントされます。

コラム

## 新NISAの運用途中で亡くなった場合は？

新NISAは生涯使える口座なので、本人がいつか亡くなったときに資産を保有している可能性は十分あります。その場合、NISA口座の資産は相続人の課税口座（特定口座など）へ払い出されます。相続人のNISA口座では受け入れることができませんのでご注意ください。

払い出される際、新NISAで積み上げた資産の利益には税金はかかりませんが、課税口座に払い出された後で増えた部分には課税されます。

ただし、金融機関に申請しないと手続きもできません。万一に備えて、夫婦、あるいは家族間で口座の存在を共有しておくようにしましょう。

# 1-4 つみたて・一般NISAを使っていた人は新NISAにどう対応する？

新NISAの投資資金にする手もあります

## いままでの資産はそのまま運用できる

2023年までにつみたてNISA、一般NISAを使っていた場合、新NISAの口座は同じ金融機関で自動的に開設されます。特に手続きなどは必要ありません。ただし、**新NISA口座と、これまでのNISA口座は別もの**という扱いです。つみたてNISA口座や一般NISA口座が新NISA口座に切り替わるわけではなく、新しく新NISA口座を持つ、ということになります。

2024年1月から積み立てしたい場合、新たに金額などを設定する必要がありますので、金融機関からのお知らせは確認しておきましょう。

これまで持っていたつみたてＮＩＳＡや一般ＮＩＳＡの口座では、２０２４年以降は新たに投資することはできなくなります。ですが、**いままでつみたてＮＩＳＡ、あるいは一般ＮＩＳＡの口座で購入してきた資産は、そのまま引き続き運用することができます。**つみたてＮＩＳＡであれば最長20年、一般ＮＩＳＡであれば5年、非課税での運用が可能です。

運用を続けて非課税期間が終了し、課税口座に払い出されても、さらにそのまま運用を続けることも可能です。

約20％の税金が課税されるのは、課税口座に払い出された時点から増えた部分についてのみなので、非課税投資期間中に増えた部分については、いつ売却しても非課税です。資産は長く運用するほど増える可能性が高まります。あわてて売却する必要はありません。特に使う予定がなければ、そのままの運用でよいと思います。

## 一般ＮＩＳＡはロールオーバーできない点に注意

一般ＮＩＳＡは、5年で非課税投資期間が終了します。これまでは、毎年手続きを踏めば翌年の非課税枠にロールオーバー（移管）することができ、さらに5年間、非課税で運用することができました。ですが、２０２４年以降はこれができなくなり、5年の非課税投資期間が終了した後は、資産が課税口座に払い出されることになります。

非課税投資期間が短い場合、相場によっては買ったときよりも値下がりしているケースもあり得ます。もし、損失が出たまま課税口座に払い出されてしまうと、非課税の恩恵を得られないだけでなく、その後資産が増えた場合、税金をより多く払う必要が出てきます。この点に関しては、注意が必要です。

どういうことかといいますと、たとえば一般NISAで、100万円で購入した投資信託が、非課税投資期間が終了した時点で80万円に減ってしまっていたとします。その後、課税口座で120万円まで増え、これを売却した場合、利益は40万円です。課税口座での利益ですので約20％の税金（約8万円）ががかかり、手元に残るのは約112万円になります。

ですが、もしこれが最初から課税口座で投資していたらどうなったでしょうか。100万円の投資額で、120万円に増えて売却した場合、利益は20万円で、かかる税金は約4万円です。手元には116万円残ります。売却時点の資産はどちらも120万円なのに、手取りは約4万円の差が出てしまうのです。

これでは、一般NISAを使ったことで逆に損してしまったことになります。そうならないためには、**一般NISAでは利益の出ているうちに売却しておく**ことが、1つのポイントといえるでしょう。

## 資産を売却して、新NISAの投資資金にする手も

つみたてNISAと一般NISAの資産は、基本的にはそのまま運用を続けていってよいと思いますが、売却して新NISAの投資資金にする手もあります（次ページ図表を参照）。

売却時に現金化する必要はありますが、新NISAの投資資金にすることで、より長いスパンで運用できるので、その分、非課税の恩恵も多く受けることができます。

## 課税口座の資産はどうする？

同じことは、課税口座で運用中の資産にもいえます。課税口座の資産は、売却すると税金が約20%かかってしまいますが、この先も長く運用するつもりであれば、いったん売却して、新NISAで商品を買い直すことを検討してもよいかと思います。

理由は、新NISAの非課税投資枠で運用したほうが、将来的には手取り金額を増やせる可能性が高いからです。老後資金など、長期で育てたいお金であれば、新NISAで運用したほうが、税金がかからずお得です。ただし、もし現状で損失が出ている場合は焦って売却する必要はありません。買値に戻った段階で売却して、資産を移動させてもよいかもしれません。

## 一般・つみたてNISAの資産を売却して新NISAで購入し直す手も

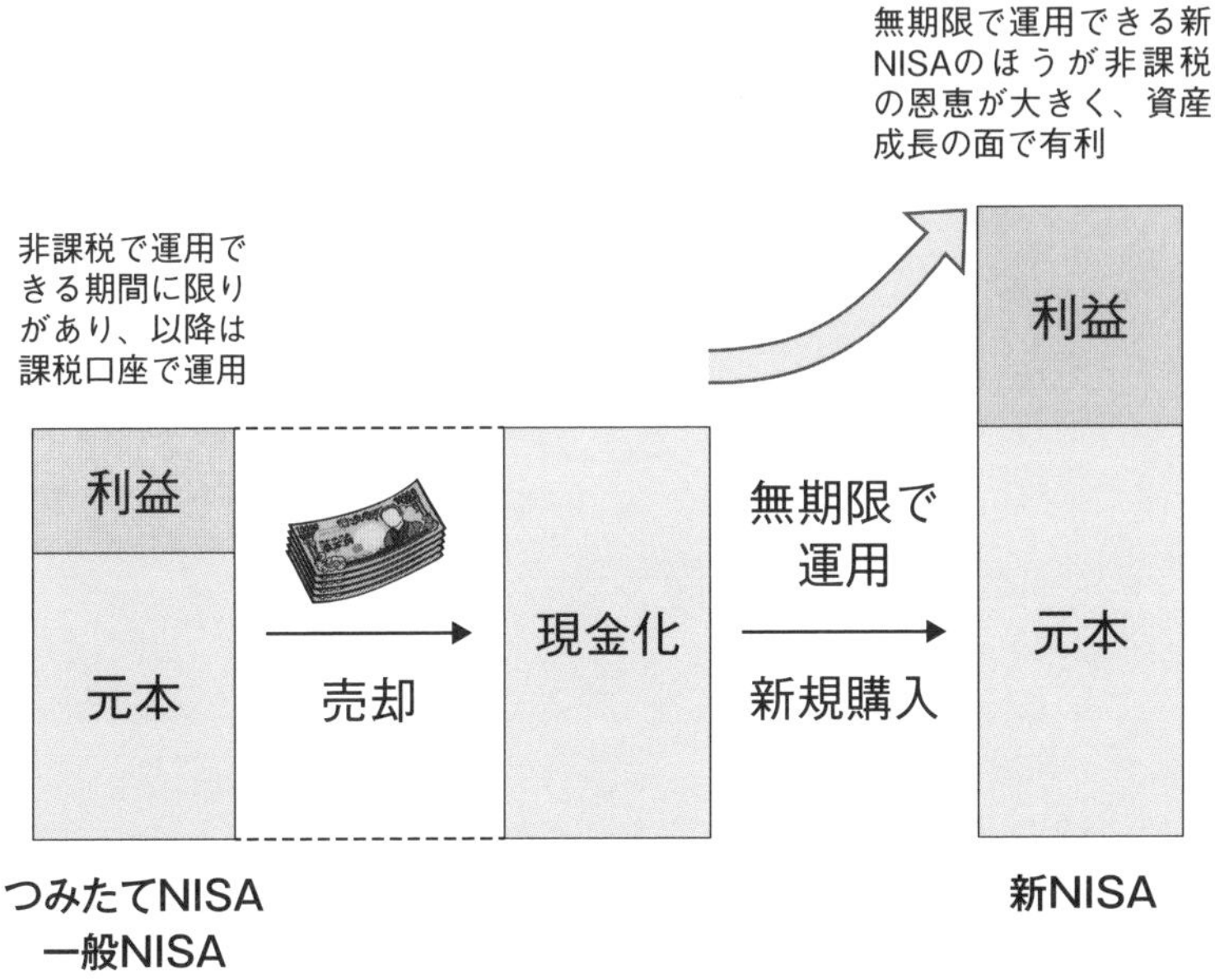
無期限で運用できる新NISAのほうが非課税の恩恵が大きく、資産成長の面で有利
非課税で運用できる期間に限りがあり、以降は課税口座で運用
利益
元本
売却
現金化
無期限で運用
新規購入
利益
元本
つみたてNISA
一般NISA
新NISA

新NISAの非課税投資枠が余っている場合は、従来のNISAの非課税投資期間の終了が近づいてきたら、資産を売却し、新NISAの投資資金にするのもよいと思います

# 第2章

## 新NISAで変わる投資の新常識

# 2-1

# 「余ったら」ではなく「先に」投資する時代へ

生活防衛のため、資産運用は必須の時代に

## 貯蓄ファーストから投資ファーストへ

**日本の家庭の金融資産は、株式や投資信託よりも現金・預金が圧倒的に多いです。**日銀の資料「資金循環の日米欧比較（2023年8月）」によれば、日本の家計における現金・預金比率は54・2%。それに対して米国は12・6%、欧州（ユーロエリア）は35・5%と、日本が突出しています。日本ではどこか「預金が第一。投資は余ったお金でするもの」という意識があります。

しかし、この貯蓄ファーストの考え方は、時代に合わなくなってきています。これからは、**お金はできるだけ先に投資に回して運用し、必要なときに現金化して使う――このような投資ファーストな資産管理をスタンダードにしていく必要があるでしょう。**

理由は、物価の上昇、つまり**インフレ**です。2023年9月の消費者物価指数（総合指数）は、2020年を基準にすると、6・2%も上がりました。かつては、預金の金利が6〜7%と高く、収入も右肩上がりだったため、物価が上がっても対応できていましたが、いまの普通預金は大手銀行だとおおむね0・001%と超低金利、そのうえ物価上昇率ほど収入が増えない状況です。インフレが続くと、1万円で買えたものが時間がたつと同じ価格で買えなくなってくるため、資産の目減りが起きます。これからの時代は、預金だけではむしろリスクとなるケースもあるのです。

## 生活防衛のために、資産運用が必須

あらゆるものの値段が上がってきた昨今ですが、前述した通り、貯蓄だけではこの先はもっと苦しくなることが目に見えています。必要な老後資金も、生活費が上がっていく以上、当然増えるでしょう。年金は物価に合わせて調整されますが、完全に連動するわけではありません。少子高齢化で現役世代の負担が重くなりすぎないよう、「**マクロ経済スライド**」の仕組みによって年金の支給額が抑制されるからです。

こうした背景を踏まえると、少なくとも**インフレに負けない程度には、資産運用していく必要**

**があります**。もちろん、投資はリスクがありますので、一時的に値下がりしても困らない範囲で行うことが大切ですが、生活を防衛する意味で、誰にとっても投資は欠かせない時代になったと思います。

## 先に投資する仕組みをつくることが何よりも重要

「投資の必要性は理解できるが、生活費を捻出するだけで手一杯」という声もあります。しかし、それでも工夫しだいで月5000円くらいはなんとか用意できるのではないでしょうか。飲み会は一次会で帰るようにしたり、会社にはお弁当や水筒を持参したりする。スマホは大手キャリアから格安な通信会社に乗り換え、電気やガスもより料金が安い会社と契約する。ふるさと納税はしっかり使う……など、できる節約をすれば、月5000円くらいからであれば、投資が始められるのではないでしょうか。

少しでもよいから、先に投資に資金を回し、残ったお金で生活する。この仕組みさえつくれば、いまの時代はオートモードで資産形成ができます。ちなみに、筆者（花村）が新卒で働き始めたころは、積み立てで買える投資商品といえば、自社株ぐらいでした。いまは投資信託を利用すれば、世界中の株式でもREITでも、少額から積み立てで買えます。資産形成しやすい、非常に恵まれた時代なのです。

金額は、後からいくらでも調整できるので、とにかく先取りで投資する仕組みをつくることが大切です。**「余ったら投資」ではなく、「先に投資」の意識を、ぜひ持つようにしてください。**

## 老後資金対策にはiDeCoの併用も検討したい

先取りで自動的に投資できるお得な制度としては、**「iDeCo（イデコ、個人型確定拠出年金）」**もあります。iDeCoとは、個人で用意する私的年金制度です。つみたてNISAや新NISAのつみたて投資枠と同じように、自分が指定した金額で、投資信託などの金融商品を積み立てで購入する仕組みです。

iDeCoもNISAと同じく、利益にかかる税金が非課税となります。さらに積み立てする掛金は全額所得控除の対象となり、所得税や住民税を軽減できます。掛金の拠出は65歳になるまで可能で、75歳になるまで引き出さずに続けることができます。

NISAとの大きな違いは、**原則60歳まで引き出しできないこと。掛金は働き方によって上限額が決められていること。そして、将来受け取る際は、所得としてカウントされること**です。一括で受け取る場合は「退職所得控除」、年金で受け取る場合は「公的年金等控除」が使えるので、一定額までは非課税ですが、金額によっては受け取る年の所得税や住民税が増えたり、健康保険料が上がってしまったりする点に注意が必要です。

それなら、「iDeCoよりNISAを使うほうがよいのでは？」と思われるかもしれませんが、iDeCoの節税メリットは非常に強力です。また、60歳まで引き出しできないというのは、老後資金をつくる目的を考えれば、メリットでもあります。特に、厚生年金がなく、公的年金が手薄なフリーランスや自営業の方は、iDeCoの掛金が月6・8万円（国民年金基金等との合算）と、多く設定されています。節税しながら老後資金をつくることができるので、ぜひNISAとの併用を検討したいところです。

NISAとiDeCoを併用すれば、iDeCoは老後資金用、NISAは途中のライフイベント用と使い分けることもできます。第3章、第4章では、iDeCoを併用した投資シミュレーションも紹介していますので、ぜひ参考になさってみてください。

また、会社員で、会社の「**企業型DC（企業型確定拠出年金）**」に加入している人は、この機会に内容の確認をしてみましょう。企業型DCで投資信託が選べる環境にありながら、定期預金で積み立てている人が、実は非常に多いのです。NISAやiDeCoで投資を始めるのを機に、企業型DCの運用についても見直しておきましょう。

# 2-2 使うときに資産を売却して、現金化するスキルを磨こう

必要に応じてリスクの調整を

## 今後の投資は売却スキルが必要になる

前の項で「投資する仕組みをつくることが重要」と述べましたが、仕組みをつくった後はほったらかしで何もしなくてよい、というわけではありません。つみたてNISAはよくも悪くも20年という期限があり、投資額も少額に限定されていたため、「ひたすら積み立てる」というスタイルでもあまり問題ありませんでした。しかし、**新NISAは生涯使え、投資できる額も大幅に増えます。さらに売却しても非課税投資枠が復活するという特徴がありますので、「積み立てる」だけでなく、「使う」ことも念頭においた運用が必要になってきます。**

具体的には、通常は積み立てで投資しつつ、教育費や住宅資金などにお金を使う予定が見えて

きたら、必要な分を売却して現金を確保する、あるいはリスクを調整していくという具合です。将来的には老後になったら積み立てを終え、生活費として取り崩していくステージに入ります。

ここでは、新NISAで覚えておきたい売却パターンやリスク調整の方法について、いくつかご紹介します。

## 必要なタイミングが近づいたら現金化する

最もシンプルなのは、「**資産を売って現金化する**」方法です。必要なタイミングが近づいたら、売却して利益を確定します。どのくらい前に売却すればよいかは、目的や、ほかの資産の状況などによって変わってきますが、使うタイミングの3年前くらいになったら現金化を意識しておくとよいでしょう。

3年より短くなると、もし景気が悪くなって相場が大きく下落した場合、使うタイミングまでに資産が回復する時間を十分に取れないためです。特に、子どもの教育費は使うタイミングが動かせないため、「待った」ができません。300万円を投資で用意するはずが、200万円しか出せなかったということにならないよう、計画的に現金化することをおすすめします。

あらかじめ設定できるケースもありますが、売却は自動的に積み立てられる購入と違い、基本的には手動です。インターネットで手続きができる金融機関の場合なら「売却」ボタンを押して、「口数」または「金額」を選ぶだけなので操作は簡単ですが、タイミングには迷います。相場がよいときは「もう少し待てば、もっと儲かるのでは」と欲が出たり、相場が悪いときは「いま売らないともっと下がるかも」と焦ったりと、感情が揺さぶられるためです。

解決策の1つとしては、**タイミングを狙わず、利益金額や目標金額との比較を見て行う**ことです。

**最大限の利益を狙うのではなく、「このくらい利益が出ていたら売却しよう」などのルールを決め、淡々と実行する**のがポイントです。欲を出して最大限の利益が出るタイミングを狙おうとすると、思わぬ暴落に巻き込まれるリスクがあります。実際、投資のプロほど、自分の決めたルールを徹底的に厳守しています。相場や感情に流されないルールを持つことで目的を達成でき、結果的に納得できる投資になるはずです。

## リスクを下げて運用する

教育費のように、使うタイミングが決まっているものは売却して現金を確保するのが基本的な考え方ですが、リスクを下げて引き続き運用し、使うタイミングぎりぎりまで資産を増やす道もあります。こうした場合、新NISAの資産をいったん売却して、そのお金で債券型やリスクの

## 新NISAでのリスクが低いファンドへの移行の例

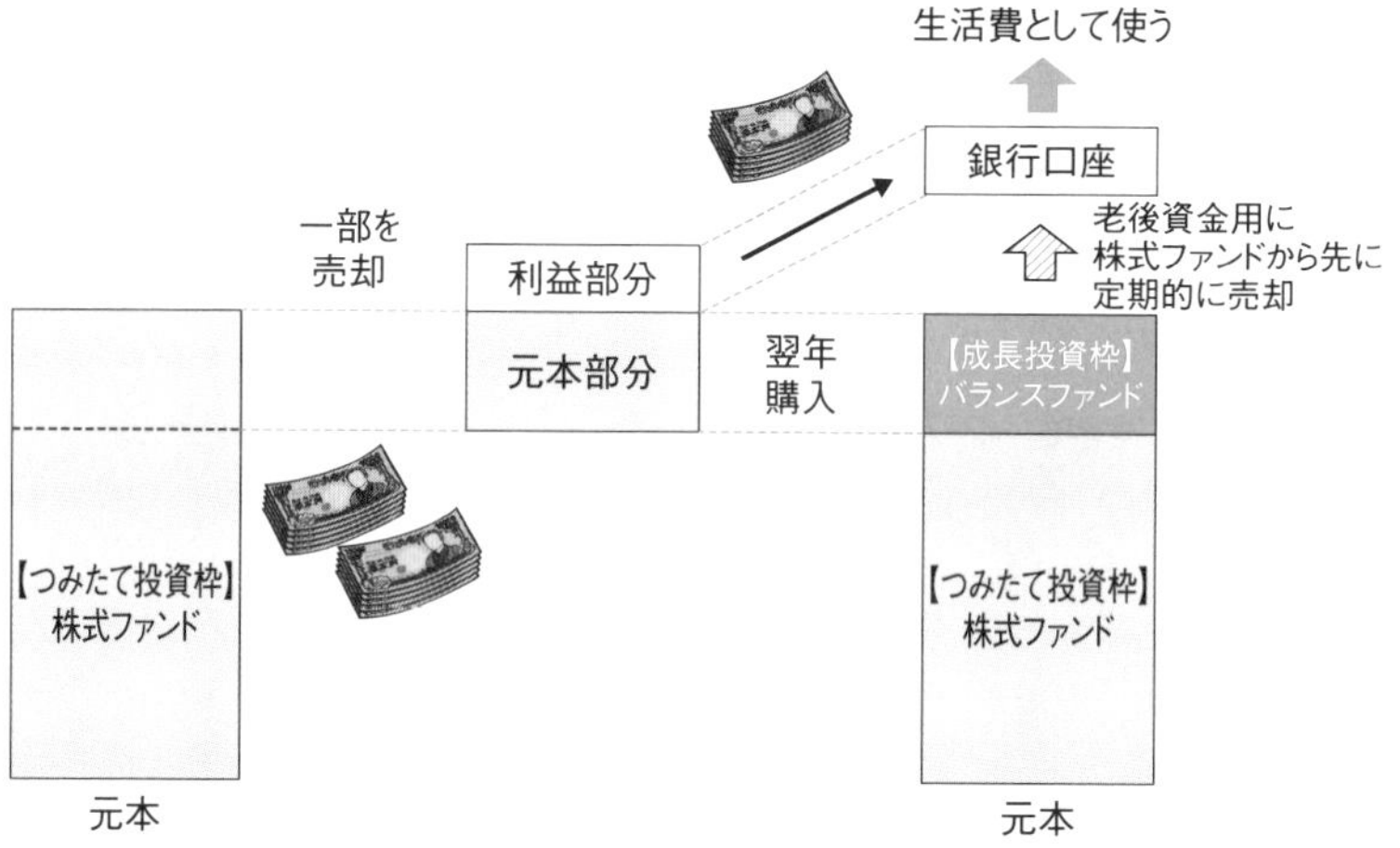


低いバランス型のファンドを改めて新NISAで買い直していく、という手段があります。

上の図表をご覧ください。これはつみたて投資枠を使って、株式型のファンドを運用してきた人が、リタイアが近くなり、債券等を含んだ、リスクがより低いバランスファンドに切り替えることを想定した例です。低リスクのファンドに切り替えることで、大きな値下がりを避けながら老後も運用を続けることができます。

こうすることで、運用によって少しずつお金を増やしながら、取り崩していけるので、一気に現金化してしまうより、資産が長持ちする可能性があります。

具体的なステップとしてはまず、**つみたて投資**

**枠で買ってきた株式ファンドの一部を売却します。次に、その現金化したお金で、債券などを含んだ、リスクが低めのバランスファンドを成長投資枠で買うのです。**

もし、新NISAの生涯投資枠を使い切ってしまっていた場合でも、売却した資産の元本部分は、翌年に非課税投資枠が復活しますので、その分だけは投資をすることができます。利益部分については、そのまま現金で取り置き、生活費として使ってはいかがでしょうか。

成長投資枠は年間240万円まで投資できますので、たとえば60歳から毎年240万円ずつ資産を移動させれば、64歳（5年）で元本1200万円分をリスクの低い状態に切り替えることができます。

なおこのケースでは、老後の資産は、株式ファンドとバランスファンドが混在することになります。こうした場合、資産の取り崩しは、リスクがより高い株式ファンドから行うのも、1つの考え方です。株式ファンドから減らしていくことで、資産全体のリスクをさらに下げていくことができ、より安定的な運用が可能となります。

## 定額・定率で売却できるサービスを使う

売却を手動ではなく、自動で行えるサービスもあります。一部のネット証券が提供する「**定期**

**売却サービス」**です。これは、たとえば毎月資産残高の5％ずつ、あるいは10万円ずつといった具合に、指定した定率、または定額で売却してくれるものです。積み立てで購入したときと同じように、自動的に売却してくれるので非常にラクですし、感情に揺さぶられることもないので合理的に現金化ができると思います。

特にこのサービスの活用が期待できるのは、老後での資産の取り崩しです。毎月、一定額を取り崩し、年金の足しとして活用するのにちょうどよいと思います。管理の面でもラクなので高齢になってからも安心です。**リタイア期に株式ファンドからバランスファンドに少しずつ移し替え、そこから「定率」もしくは「定額」で取り崩していくという組み合わせもよいでしょう。**

では定率と定額、どちらがよいでしょうか。定率で引き出すと、相場が悪く資産残高が減少したときは少なく売却されるので、資産が長持ちします。しかし、受け取れる金額が常に変わってくるため、生活費としては使いにくいかもしれません。資産残高が減ってくると、受け取れる額が少なくなる点にも注意が必要です。

一方、定額での取り崩しは、毎月一定額を受け取れるのでわかりやすいのがメリットです。しかし、相場が悪く資産残高が減ったときも定額で削られるため、資産寿命は定率より短くなる場合があります。

**資産の寿命を長くさせたいなら定率、毎月決まった額を受け取りたいなら定額での売却**ですが、どちらが合うかは、資産残高や家計の状況などによって変わってくるので、そこで判断するしかありません。なお、第3章、第4章でご紹介する資産運用のシミュレーションでは、わかりやすさを優先し、定額での取り崩しとしています。

## 隔月で分配金が出るファンドを使う

売却という形をとらず、分配金の出るファンドを使って、定期的に現金を受け取ることもできます。**成長投資枠では、毎月分配型の投資信託は対象から除外されますが、2か月に一度や半年に一度といった頻度で分配金が出るタイプの商品は対象となっています。**たとえば隔月分配型のバランスファンドなどもあります。

分配金が出るタイプのファンドは、売却するのと同じ効果が得られるため手間がかからないのがメリットです。リタイア期に資産の移し替えを行う際、こうした分配型のファンドに移しておき、定期的にお金が入ってくる仕組みにするのもありでしょう。公的年金は偶数月に支給されますので、奇数月に分配金を受け取れるファンドを選ぶと生活費のやりくりがしやすくなります。

または、隔月で払い出される分配金を口座にためておき、リフォームなどまとまったお金が必要となったときに使うといった活用方法も考えられます。

投資するタイミングによっては、分配金が出るファンドは分配金のために元本を削ることもありますが、元本の払い戻しなので、決して損をするわけではありません。

## 投資は前半より後半を気にするべき

いずれにしても、**新NISAの投資で気にしなければいけないのは、前半よりも後半**です。最初のうちは資産を成長させるために積み立てを続けることに専念すればよいのですが、資産を実際に使っていく後半は、売却の手法、金額、プランを考える必要があります。ですから、積み立てしている間に投資スキルを磨いていくことがとても大切です。

といっても、細かい投資の勉強をしろという意味ではなく、資産が上がったとき、下がったときにニュースをチェックしてみたり、関心のあるテーマができたら、どんなファンドがあるか調べてみたりするだけで十分です。値動きに慣れ、資産価格に影響した背景を自分なりに考えることで、投資経験が磨かれていきます。

**避けたいのは、「とにかく積み立てを続けるだけ」と、完全にほったらかしにしてしまうこと**

**です。**投資経験を磨かないまま積み立てを続けてしまうと、リスクコントロールができなくなってしまいます。

仮に、コツコツ投資した資産が順調に増え、定年を迎えるころには3000万円くらいになっていたとしましょう。その時点でもし、リーマンショック級の大きな経済ショックがきて資産が1500万円くらいに減ってしまったとしたらどうでしょうか。

これから使う段階で、3000万円あったものが、半分に減ってしまったら、相当つらいはずです。もう投資などしないと、資産運用をやめてしまいかねません。それでは老後のインフレ対策ができなくなってしまい、別のリスクを負うことになってしまいます。

もちろん、チェックのしすぎで疲れてしまっては逆効果ですが、値動きの上下や世の中の動きに関心を持つことで、投資に対する免疫や判断力がついていきます。自分の知識を増やすつもりで資産に向き合っていくスタンスを持つと、後半の投資に大きく役立ってくるでしょう。

# 2-3 年代別・新NISA活用のポイント

## まずはライフプランを立てる

どのような投資プランがよいかは、目的や年齢などによって変わります。目標までの期間が長く取れる人は、リスクを高めにしてもいいかもしれません。逆に期間が短い人は、リスクを低く抑えておくのも手です。

老後までの時間がある20代、30代は投資できる期間はたっぷりありますが、途中には結婚や子どもの誕生、住宅の購入などさまざまなライフイベントがあり、転職や独立などで収入の変化もあるでしょう。

40代になると、家族構成や働き方が多様化し、人によってライフステージもさまざまに異なってきます。節目ごとに投資額や投資する商品を見直し、必要に応じて売却もしながら、目的を達成していくことが求められます。

さまざまなライフイベントを終えた50代、60代にとっての投資は、老後資金づくりが投資の主な目的となります。この年代は定年や再雇用での収入の減少、そして年金生活と、収入が大きく変わる時期であること、まもなく資産を取り崩すステージに入ることも念頭におき、リスクをコントロールしていくことが鍵です。

投資する環境や目的は人それぞれ異なるので、**新NISAを始める際は、ライフプランを立てることをおすすめします。**教育費や住宅購入などのライフイベントにかかる費用は、何歳ごろにいくらくらい使いたいのか。老後はどんな生活を送りたいのか。将来の収入と支出はどのくらいになるのか。ざっくりでかまわないので、**「なんのために投資をするのか」を考えながら長期スパンの計画を持っておきましょう。**貯蓄と投資をどう組み合わせるか、投資額や投資する商品をどうするかを考える際の判断基準になります。

この項では、年代別の新NISAの活用方法、リスクの取り方、投資する商品などについてご紹介します。年代別といっても、いま申し上げた通り、投資のスタイルは目的や投資できる額、家族構成などによって個人差が大きいのが現実です。細かいケースを想定した例は第3章と第4

章でご紹介しますので、ここでは大きな流れと各年代のポイントについて、押さえてください。

## 20代……積み立ての仕組みをつくる

20代は、新NISAの口座を開き、つみたて投資枠で積立投資を開始することをまず目標にしましょう。**とにかく若いうちに積み立てを始めることが資産形成のうえでは有利に働き**ます。少額でよいので、収入が入ったら自動的に投資できる仕組みをつくることを目指してください。

積み立てを始めたら、結婚、出産、住宅購入、やりたいこと、転職など、考えられるライフプランをイメージでもよいので書いてみましょう。ライフイベントに向けての準備は、早ければ早いほど負担を分散できますので、貯蓄や投資を考えるうえでよい資料になります。

この世代は、老後までの時間がたっぷりあり、リスクを取れるのが最大の特権です。投資する商品は、株式型のファンドをベースにしてよいでしょう。日本の人口は減りつつありますが、世界の人口は増加傾向にありますので、世界経済の成長は期待できます。投資先は国内だけでなく海外にも分散できるものに着目してみましょう。選択肢としては、「全世界株式」や「先進国株式」のインデックスファンド、海外株式の比率が高いバランスファンドなどが挙げられます。

結婚や留学など、近い将来に資金を使いたい場合は、株式比率を抑えたバランスファンドや債券ファンドが有力な選択肢となります。期待リターンは株式型のファンドより落ちますが、値下がりリスクを抑えられるので、使いたいタイミングで売却しやすくなります。

## 30代……投資額をできるだけ上乗せしていく

30代は20代よりライフイベントが多くなり、収入も増えるため、資産運用も見直しが必要です。20代から始めた人、30代から始める人のどちらも、手持ちの資産と収入を洗い出し、今後どのくらいの金額を投資に回していくか、整理するとよいでしょう。

投資する商品は、基本的には20代と同様に、使うタイミングが近いものはバランスファンドや債券ファンド、老後資金や教育費など10年以上先の目的であれば、株式型のインデックスファンドや、株式比率の高いバランスファンドでの運用でもよいと思います。

いずれにしても、できれば20代よりも投資額を上乗せしていきたいところです。30代はまだ、定年まで20〜30年あります。第3章のシミュレーションでも明らかですが、積立期間が長い人、その中でも若いころの積立額が多かった人は、同じ環境ならば最終的な運用成績が良くなる可能性が高まります。

**利益が利益を生む複利効果は、後半になればなるほど大きくなるので、初期のころの積み立てを少しでも頑張るほど、有利に作用するのです。**

30代に入って収入が増えても、生活水準はできるだけ変えず、増えた分を投資に回していけると理想的です。たとえば子どもが生まれて児童手当や会社の家族手当などが支給されても、それを「なかったもの」として投資に回すなど、無理せずできる上乗せを心がけるだけでも未来の景色が違ってきます。塾代や受験費用など、子どもの教育費がかかり始める前の貯めどき期間を有効に使えるように計画しましょう。

また、**結婚した場合、新NISAの口座はぜひ夫婦2人でそれぞれ開設しましょう。**非課税投資枠が倍になるだけでなく、夫は老後資金用、妻は教育費などのライフイベント用といったように、目的を分けて使えば、管理の面でもわかりやすくなるのでおすすめです。

## 40代……家計が厳しくなってきても、投資を続ける

40代は独身の人もいれば、子どもが大学生になっている人もおり、人によってライフステージが異なってくる世代です。投資の目的も多様化するため、ここでもう一度資産を整理し、今後の

投資方針を見直しておきましょう。

**特に子どもがいる場合、教育費のかけ方は資産形成に大きく影響します。**中学受験をする場合は、小学校1年生から塾に行き始めるケースも少なくなく、私立中学に進学すれば年間で平均約144万円ほどかかります（文部科学省「令和3年度子供の学習費調査」より）。

教育費は、子どもがどのような進路を進むかによっても変わりますが、塾、留学、体験学習など、かけようと思えばいくらでもかけられてしまう支出です。しかし、教育費を使いすぎると投資に回せる予算が減るだけでなく、老後資金として積み立ててきた資産も使い込むことになりかねません。

そうならないために、親がどこまで出すか「上限」を決めておくことも大切でしょう。特に、歳の近い兄弟姉妹がいる場合、教育費がかかる時期が重なります。進路が見えてきたらどのくらい費用がかかるかを調べ、予算と投資計画を見直すようにしましょう。

子どもが大きくなれば学費だけでなく、食費やスマホ代、衣服代、交際費も増えます。家計がどうしても厳しい時期は、一時的に投資額を減らすのもやむを得ません。**「投資はやめないことが目標」くらいの気持ちでいるのが、この時期の乗り越え方としてはよいと思います。**

## 50代……老後を見通し、資産のリスクを落とす

50代は、子どもの教育費にもそろそろ目処がついてくる時期です。50歳前後で、老後に向けたライフプランセミナーを実施する企業も多く、いよいよ老後を見据えた資産運用に舵を切っていく必要が出てきます。ここからは**大きなリスクを取る運用は避け、資産をできるだけ減らさずに守るスタンスが必要です。**

リスクの下げ方はいろいろありますが、ここまで株式ファンドに投資をしてきたのであれば、今後の積み立ては株式比率を下げたバランスファンドに切り替えていくのもよい方法です。株式や債券などの資産の比率を一定に保ってくれるバランスファンドは、資産管理の手間を減らしたい老後にもマッチしています。

59〜61ジペーで紹介したように、資産の一部を売却して現金化し、その資金でバランスファンドを買っていく方法もあります。過去の値動きなどを確認しながら調整するとよいでしょう。

この年代の投資を考えるうえで大切になるのが、老後の具体的なライフプランです。50歳を過ぎたら一度、平均寿命くらいまで生きた場合を想定して、毎月の生活費、住宅ローンの残高、リ

フォーム、家電や車の買い替え、旅行などのレジャー、病気や介護への備えなど、**老後に必要なお金をリストアップしてトータルでどのくらい必要かを計算してみましょう。**

次に、「ねんきんネット」や「ねんきん定期便」で将来自分が受け取れる年金額を調べます。新NISAで運用した資産、退職金、個人年金保険や企業型DC、iDeCoの資産も確認しましょう。

老後に必要な支出と、現在の資産、老後の収入（年金等）を比べ、不足している部分がこれから準備する必要のある老後資金です。ここをざっくりとでもよいのでつかんでおくと、この先の投資方針に役立てることができます。

## 60代……老後のライフプランを立て、取り崩しの計画を

60代で投資を始めても問題ないと思います。老後は特にインフレ対策が必要になってきます。リスクを取って攻める必要はありませんが、現金だけでは資産が目減りします。**資産を減らさないための運用は、むしろ積極的に検討したいところです。**最近は、再雇用やパート、起業など、60歳以降も働く人が増えています。収入がある間は、ぜひ積立投資も続けていきましょう。

60代では退職金の運用も考えていく必要があります。退職金でまとまった金額が入り、投資に

回すのであれば、成長投資枠も使って、リスクを抑えたバランスファンドや債券ファンドなどの商品を買っていくとよいでしょう。**退職金の一部を預金から、安定的な資産の増加が見込める場所へと、置き場所を変えていくイメージ**です。

投資枠がどのくらい残っているかにもよりますが、成長投資枠では年間最大240万円まで投資できます。もちろん、さらに余力がある場合は、つみたて投資枠でバランスファンド等に投資することもできます。

この世代は、持っている資産を守りながら増やすスタンスが大切です。リスクの高い株式投資などにいきなり大金を入れてしまうと、暴落時の資産の減少幅もその分大きくなりますので、注意してください。

仕事をリタイアして、年金で生活するタイミングになったら、今度は資産の取り崩しに入ります。ただし、新NISAは一生涯運用できるのがメリットです。少しでも長く運用し、資産を増やしていきたいところです。

そこで検討したいのが、**先に退職金、個人年金保険など、新NISA以外の資産を使って生活するプラン**です。ほかの資産で生活している間、新NISAの資産はそのまま運用を続けることで、より資産の成長を促せます。

## 70代……健康寿命を考え、運用資産を縮小していく

70代からでも、それまでに特定口座で投資を経験している方なら、投資資金の受け皿として新NISAの口座を開いてもよいかもしれません。何度もお伝えしている通り、インフレ対策に資産運用は有効であり、非課税で運用できる新NISAは生涯を通じて使う価値があるからです。

一方で、高齢期になると病気や認知症のリスクも高まってきます。健康寿命を過ぎたら、**資産管理が難しい状態になる前に、現金化することも検討していきましょう**。特に、運用資産額が増えている場合は相対的に取っているリスクが大きくなっているので、早めに計画を立てておくことが必要となります。

# 第3章

## ケース別
## 資産形成リアルシミュレーション
## 20～40代編

# 3-1

# 20代から40代までの投資パターンをシミュレーション

1日でも早く、積立投資の開始を

## ライフイベントを乗り越えながら老後資金をつくる12のプラン

この章では、20代から40代の方を想定した新NISAでの投資プランを紹介します。すべて老後を見据えた長期での運用を想定しています。投資できる金額、独身か既婚か、子どもの人数や年齢、会社員かフリーランスかなどによって、目的や途中で売却するかどうかも変わってくるため、できるだけいろいろなパターンを作成しました。

ここで紹介するパターンにピッタリ合致しなくても、投資期間やリスクの切り替え方、資産の増え方などは参考になるかと思います。ぜひご自身の目的や年代に近いケースはもちろんのこと、遠いケースのプランもチェックしていただければ幸いです。

## 想定リターン（年率）3～5％程度の商品で運用

リスクを取れる若いうちは海外株式のインデックスファンドの積み立てをベースにしてよいと思いますが、ブレ幅が大きくシミュレーションに用いるのは難しいため、ここでは想定リターン（年率）3～5％程度のバランスファンドで積み立てたものと仮定して試算しました。それぞれ資産の内訳は80ジペーの図表のようなイメージです。これから紹介していくシミュレーションの結果をご覧いただければ、これでも十分資産形成ができることがおわかりいただけると思います。

あまりリスクを取りたくない方、バランスファンド1本でシンプルな投資を行いたい方は特に、ここで紹介するシミュレーションが参考になるかと思います。また、新ＮＩＳＡと併用してｉＤｅＣｏも活用するケースでも、投資商品は同じカテゴリーとします。

なお、実際の投資信託の価格は、組み入れている株式や債券などの価格変動が反映されますので、投資信託の価格も上がったり下がったりします。**想定リターン（年率）3％程度といっても、コンスタントに毎年3％ずつ上昇するということではなく、長期でみると平均して毎年3％程度のリターンが出ることを想定している**ということです。バランスファンドの運用利回りは保証されているものではありませんのでご注意ください。

## 想定リターン(年率)3%程度のポートフォリオ例

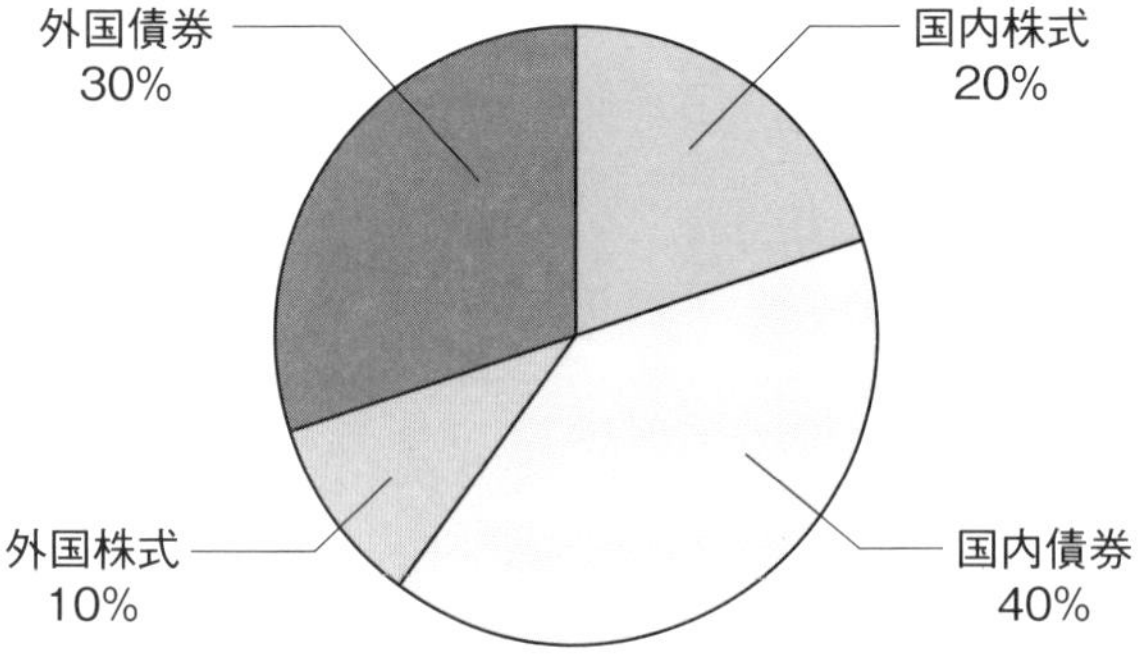


## 想定リターン(年率)5%程度のポートフォリオ例

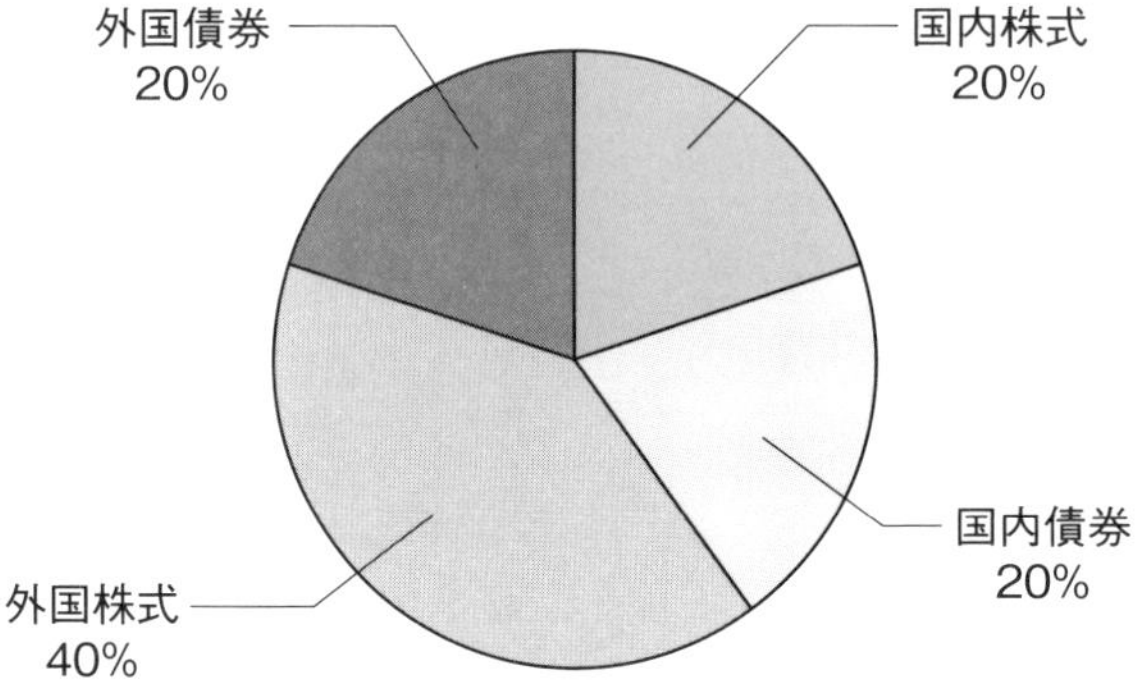


※当ポートフォリオはあくまでも一例であり、投資家の皆さまにイメージしてもらうことを目的としています。また、長期的なリターンを想定しておりますが、投資成果を保証するものではありません。

## リスクの調整は積み立てのみ

今回ご紹介するシミュレーションでは、試算の都合上、リスクの調整は積み立てる投資商品を変更する形、またはそれに加えてすでに投資している商品を切り替える形で行っています。資産の取り崩しはすべて「現金化」で、途中で投資リターンを変更する場合は、ほかの投資商品に乗り換えることにします。

また、投資リターンは年率で複利計算をすることとし、老後の取り崩しまでシミュレーションしているケースでは、運用を継続しながら定額で取り崩すことを前提に試算しました。

なお、本書で紹介するシミュレーションは将来のリターンを保証するものではなく、手数料や税金等も考慮していません。あくまでも簡便的な方法により試算していますので、正確性や完全性を保証するものではありません。参考程度にご覧いただけると幸いです。

ケース
1

23歳　独身
A倉さん

# 年収300万円。結婚、住宅、教育費にお金を使っても老後に2000万円はほしい

早めのスタートで無理なく達成できます

## ●これからのライフイベントに備えたい若者の投資プラン

最初にご紹介するのは、大学を卒業して働き始めた方を想定した投資プランです。仮に、A倉さん（男性・23歳）とします。若い世代はこれから結婚や住宅購入など、大きな支出を伴うライフイベントが予想されます。そうした支出に資産を途中で売却して充てながら、老後資金をつくるプランを作成しました。もちろん、予定通りに人生が進むわけではありませんが、ざっくりと見通しを持つことは、投資内容を考えるうえで大切です。このケースでは、結婚資金に100万円、住宅購入資金（ローンの頭金）に200万円、子どもの教育費に300万円を2人分払いながら、64歳まで投資を続けて2000万円の資産をつくる投資プランをシミュレーションしています。

●長期で投資できるのは大きなアドバンテージ

23歳から投資をスタートすると、64歳まで42年間もあります。投資は、長期になればなるほど複利効果が働き、より大きなリターンが期待できます。複利効果とは、投資で生み出された利益を引き出さずに元本に組み入れることで、利益が利益を生むようになる運用効果のことです。仮に月3万円を積み立て、年利回り3％で複利運用した場合、20年で元本は720万円、総資産は983万円になります。しかし、あと10年長く積み立てを継続すれば、元本は1080万円、総資産は1740万円と資産の成長スピードが大幅に上がるのです。つまり、年齢が若く、30年、40年と長期で投資できるのはそれだけで大きなアドバンテージです。この強みを生かすためには、少額でよいのでできるだけ早く投資をスタートするのが鍵です。

●少額の積み立て、低リスクの運用で十分達成可能

このケースでは、月3・5万円（うち1・5万円はiDeCo）で積み立てを開始します。また、途中での売却を想定しているため、投資するファンドは、想定リターン（年率）3％程度の比較的保守的なバランスファンドを想定しました。若いので、もっとリスクを取ってもよいのですが、売却のタイミングでの下落リスクを抑えられること、この想定リターンでも十分目標を達成できることから、あえてリスクを低く設定しました。次のページで詳しく見ていきましょう。

## 結婚式、住宅資金、教育費を使っても、老後に2000万円をつくりたい

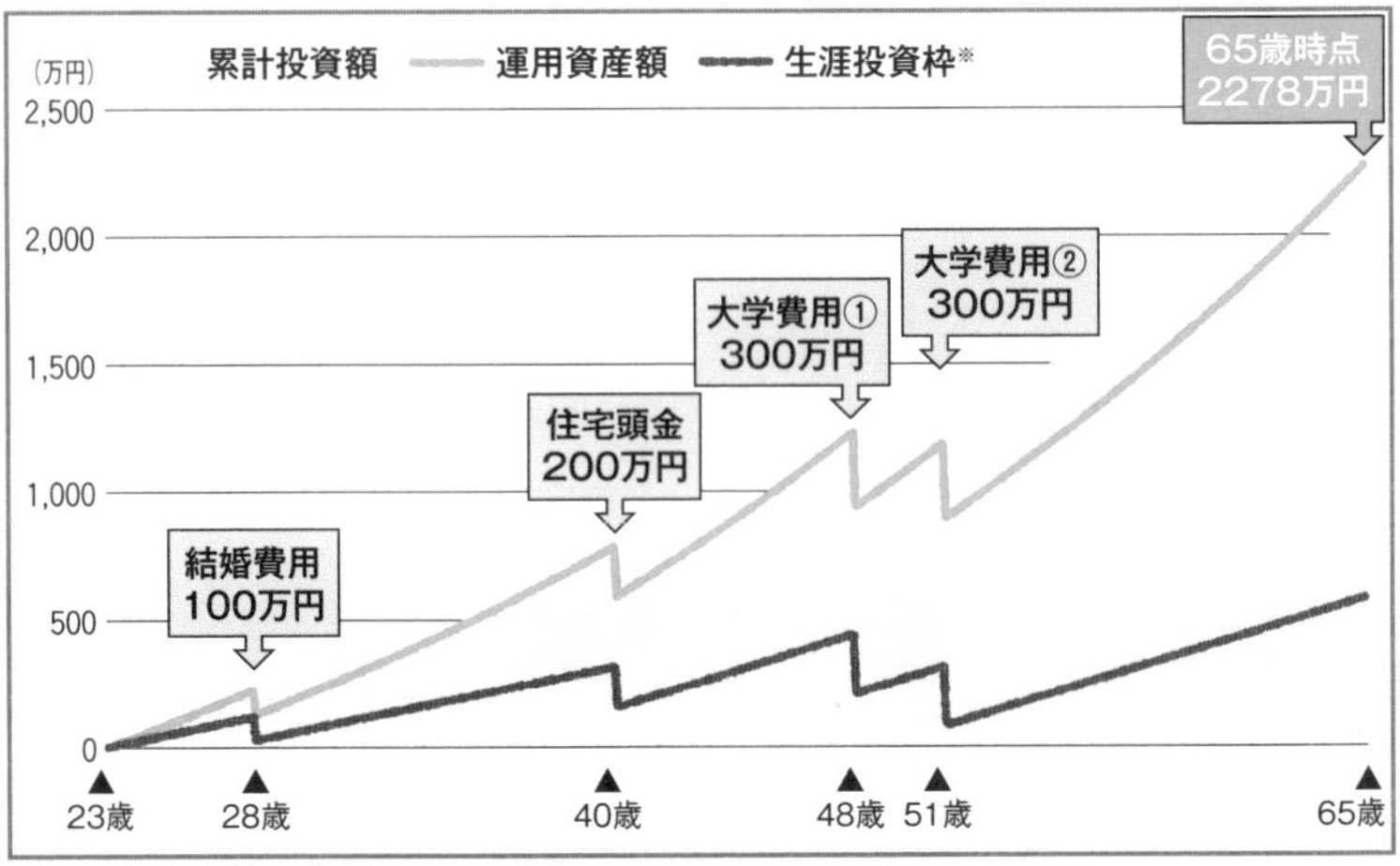


※非課税保有限度額のうちの利用額（次項以降、同じ）。

23歳から64歳までの累計投資額　2064万円（うちiDeCo　756万円）／65歳時点での運用資産額　2278万円／生涯投資枠（最大使用）　583万円

**■途中で使っても、後半に大きく成長■**グラフをご覧いただければおわかりのように、無理のない投資額、リスクでも後半に複利の力が大きく作用し、65歳で2000万円以上の資産をつくることができます。少しでも早く投資をスタートすることの大切さを物語っています。

**■こんなプランも■**このケースでは途中で引き出す想定で、運用はリスクが低めのファンドとしていますが、iDeCoは老後まで引き出すことができません。仮に、iDeCoについてはもう少しリスクを取り、想定リターン（年率）５％程度のバランスファンドで運用したとすると、65歳時点の運用資産額は3278万円と、1000万円ほど増える可能性があります。

## ケース1 A倉さん（23歳・独身）の投資シミュレーション

■背景■新卒で働き始めたばかり。これからのライフイベントを乗り越えながら、老後資金もつくっていきたい。

■投資プラン■23歳からNISAに月２万円、iDeCoに月1.5万円を積み立て。40歳で収入が増えたらNISAを月３万円に増額します。投資する商品は、管理の手間を減らせるよう、NISA、iDeCoともに想定リターン（年率）が３％程度のバランスファンド１本としました。

■取り崩し予定■ライフイベントとして、28歳で結婚、30歳で第一子、33歳で第二子が誕生。40歳で住宅を購入するものとします。住宅購入や教育費などのライフイベントがきたら、保有する資産の一部を売却して資金の一部に充てます。

投資プラン

| 制度・年齢 | | 投資額（月） | 想定リターン（年率） |
|---|---|---|---|
| NISA | 23歳〜39歳 | 2万円 | 3% |
| | 40歳〜64歳 | 3万円 | 3% |
| iDeCo | 23歳〜64歳 | 1.5万円 | 3% |

途中で取り崩す金額と目的

| 売却タイミング | 売却額 | 目的 |
|---|---|---|
| 28歳 | 100万円 | 結婚資金 |
| 40歳 | 200万円 | 住宅資金（ローンの頭金） |
| 48歳 | 300万円 | 第一子（18歳）・大学入学費用 |
| 51歳 | 300万円 | 第二子（18歳）・大学入学費用 |
| 取り崩し総額 | 900万円 | ― |

## ケース2

26歳　独身
B沢さん

# 将来、3人の子どもの教育費を払っても65歳で3000万円残したい

**●家計に合わせて投資額を調整しながら目標を達成するプラン**

2つ目のケースも、20代がモデルです。ライフイベントを乗り越えながら老後資金をつくっていきたい女性、B沢さんとしましょう。26歳から投資を始めて30歳で結婚、子どもは3人ほしいと考えています。子どもの教育費を払っても、老後資金3000万円をつくるのが目標です。

実際の生活では、共働きでも育休や時短勤務中は世帯収入が減り、子どもの中学進学以降は塾代、受験代もかかるなど、家計が教育費で圧迫されます。このケースでは、そうした時期は投資額を減らし、あまり無理をせずに目標を達成するプランとしました。

**●途中で合計1000万円使っても、65歳で約3000万円を達成**

途中での引き出しは、結婚資金に100万円、3人の子の大学入学資金にそれぞれ300万円ずつ売却するものとします。投資額は、26歳の投資スタート時点では月2万円。結婚して子どもが生まれる前までは共働きで家計に余裕があるので夫婦で月5万円、第一子誕生後は時短勤務で妻の収入が少なくなることを想定し、月2万円に減額します。第一子が中学入学後はさらに月1万円に減額。第三子が大学を卒業した時点から月5万円にアップします。また、iDeCoに夫婦で月1万円ずつ拠出し、こちらは64歳まで額を変えずに継続するものとしました。ケース1同様、投資期間が約40年と長いのがこのプランの強みです。途中で合計1000万円分を売却しても、後半に大きく成長し、65歳の時点ではNISA、iDeCoを合わせて2950万円と、3000万円近い資産をつくることができる試算となりました。

### ●想定リターン（年率）5％程度のバランスファンドで運用

ケース1と異なり、投資額を途中で減らすこと、また、途中で売却しつつも、目標とする老後資金の額が多いことから、投資する商品は少しリスクを取る必要があります。そこで、運用する商品は想定リターン（年率）5％程度が期待できるバランスファンドとしました。途中の売却がなく、長期で投資をする前提のiDeCoは、55歳以降、リスクを落として想定リターン（年率）3％程度のバランスファンドに切り替えます。

## 結婚して子どもは３人ほしい。育休中は投資額を減らしつつ、老後に3000万円つくりたい

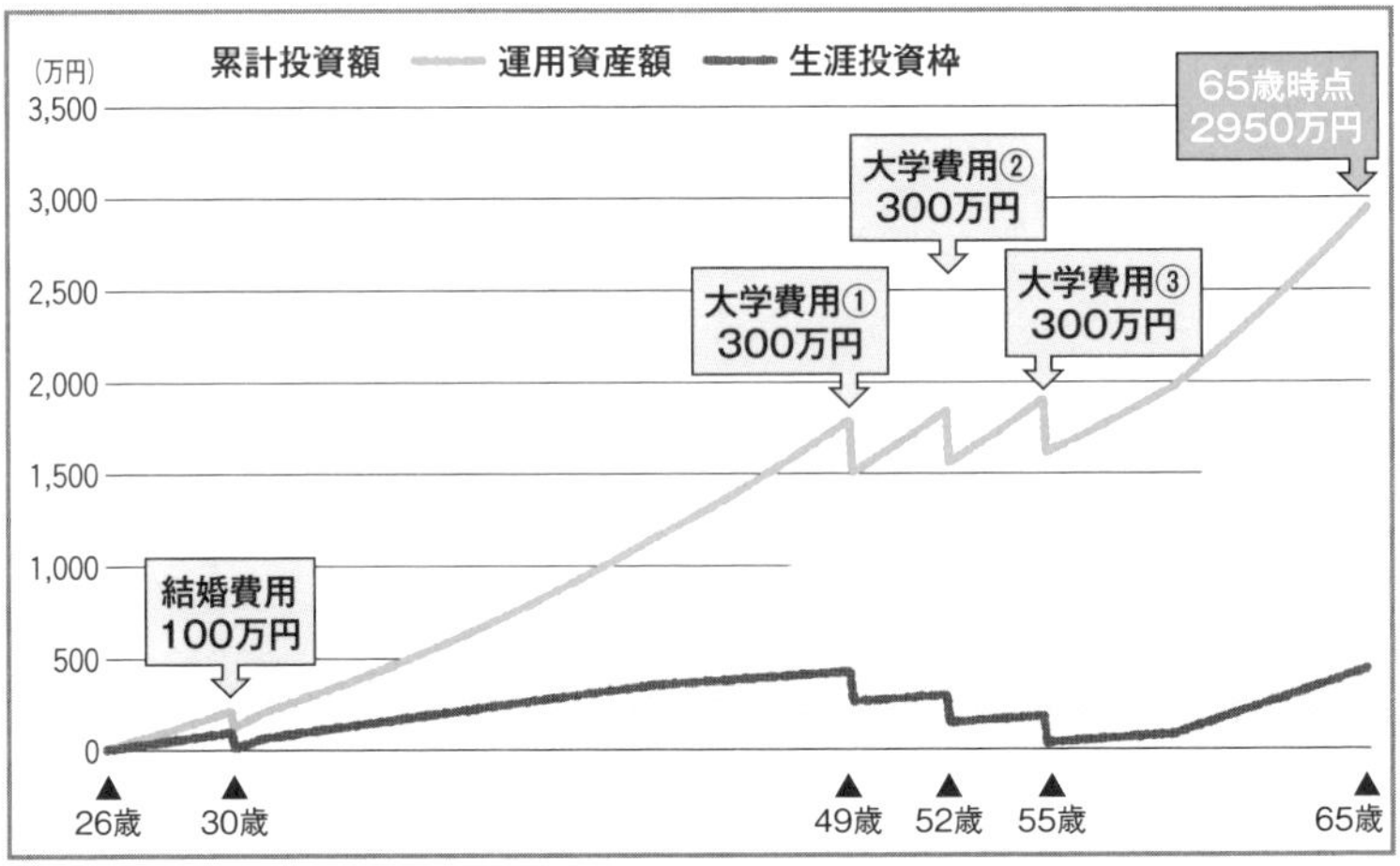


26歳から64歳までの累計投資額　1932万円（うちiDeco　936万円）／65歳時点での運用資産額　2950万円／生涯投資枠（最大使用）　443万円

**■NISAの部分でライフイベントを乗り切る■**55歳で第三子の大学入学費用に300万円を売却すると、NISAの運用資産は約70万円まで減りますが、iDeCoは1500万円を上回る資産に成長しています。NISAで途中のライフイベントを乗り切り、iDeCoで老後資金をつくることができた形です。

**■こんなプランも■**30歳で結婚後、31歳で第一子が生まれるまで１年しかありませんが、ここでNISAを月５万円に上げたことで、１人300万円ずつの教育費を捻出できた形です。もし苦しい場合は、iDeCoの積立額を下げ、NISAの積み立てはキープしましょう。

## ケース2 B沢さん（26歳・独身）の投資シミュレーション

**■背景■**子どもは３人ほしい。育休中や時短勤務で収入が少ない時期は無理せず投資金額を減らしたい。

**■投資プラン■**26歳でNISAとiDeCoに月２万円ずつ積み立てを開始。結婚後はNISAを月５万円に増額、出産後や教育費がかかる時期は無理せずNISAは減額します。教育費が終了する59歳からは月５万円に増額。投資する商品はどちらも基本は想定リターン（年率）５％程度、iDeCoのみ55歳以降は３％程度のバランスファンドとします。

**■取り崩し予定■**30歳の結婚資金に100万円、教育費は１人300万円をそれぞれ18歳のときに売却して確保するものとします。

投資プラン

| 制度・年齢 | | 投資額（月） | 想定リターン（年率） |
|---|---|---|---|
| NISA | 26歳～29歳 | 2万円 | 5% |
| | 30歳 | 5万円 | 5% |
| | 31歳～42歳 | 2万円 | 5% |
| | 43歳～58歳 | 1万円 | 5% |
| | 59歳～64歳 | 5万円 | 5% |
| iDeCo | 26歳～54歳 | 2万円 | 5% |
| | 55歳～64歳 | 2万円 | 3% |

途中で取り崩す金額と目的

| 売却タイミング | 売却額 | 目的 |
|---|---|---|
| 30歳 | 100万円 | 結婚資金 |
| 49歳 | 300万円 | 第一子（18歳）・大学入学費用 |
| 52歳 | 300万円 | 第二子（18歳）・大学入学費用 |
| 55歳 | 300万円 | 第三子（18歳）・大学入学費用 |
| 取り崩し総額 | 1000万円 | — |

ケース
3

28歳　独身
C畑さん

# 現役中は趣味にお金を使いつつ、老後に2000万円は用意したい。できれば投資額も少なく！

リスクの少ない運用がポイント

## ●5年ごとに大きな旅行や買い物を楽しみながら、2000万円をつくるプラン

このケースは、老後資金も気になるけれど、現役中に楽しむお金もあきらめたくない。投資額も、極力無理したくない人を想定したプランです。モデルは28歳独身男性、旅行が趣味のC畑さんとしましょう。

C畑さんは定期的に海外旅行を楽しみたいため、NISAの資産を5年おきに使おうと考えています。ちょこちょこ売却する分、資産形成のスピードは落ちますが、運用期間を延ばすことで目標とする老後資金2000万円をほぼ達成するプランとしました。このケースでは旅行を想定していますが、エアコンや冷蔵庫の買い替え、住宅のメンテナンスなど、時折ある大きめの支出にNISAを活用したい場合などにも参考になると思います。

●短期で使っていくため、リスクを控えた運用に

C畑さんは、30歳で15万円、35歳から55歳までは5年おきに30万円、60歳の節目では50万円と、ほぼ5年おきに売却を繰り返す予定です。このように、売却までの期間が短いケースでは、相場がもし下落しても、大きなマイナスにならないようにリスクを低く設定するのがポイントです。株式型の投資信託ではリスクが高いので、債券などの株式市場の下落に耐性のある資産が入ったものが候補になるでしょう。ここでは、想定リターン（年率）3％程度が期待できるバランスファンドでの運用としました。投資額は無理せず、月収からは月2万円の積み立てでスタートします。40歳から49歳の間はボーナスから年24万円を確保し、それを毎月の積み立て額に月2万円ずつ上乗せします。50歳以降は、役職定年、再雇用などで収入が下がっていくことを想定し、再び月2万円のみと無理をしない投資です。

●70歳まで運用を続け、ほぼ2000万円を達成

途中で頻繁に売却するC畑さんですが、それでも積み立てを継続することで、60歳の時点では1300万円をつくることができそうです。60歳以降も月2万円の積み立てなら、再雇用やパートでも継続しやすいでしょう。64歳まで積み立てをやめ、その後69歳まで引き出しせずに運用を続けることで、ほぼ2000万円に到達します。

## 現役時代は旅行や消費を楽しみながら、老後資金を2000万円ぐらいつくりたい

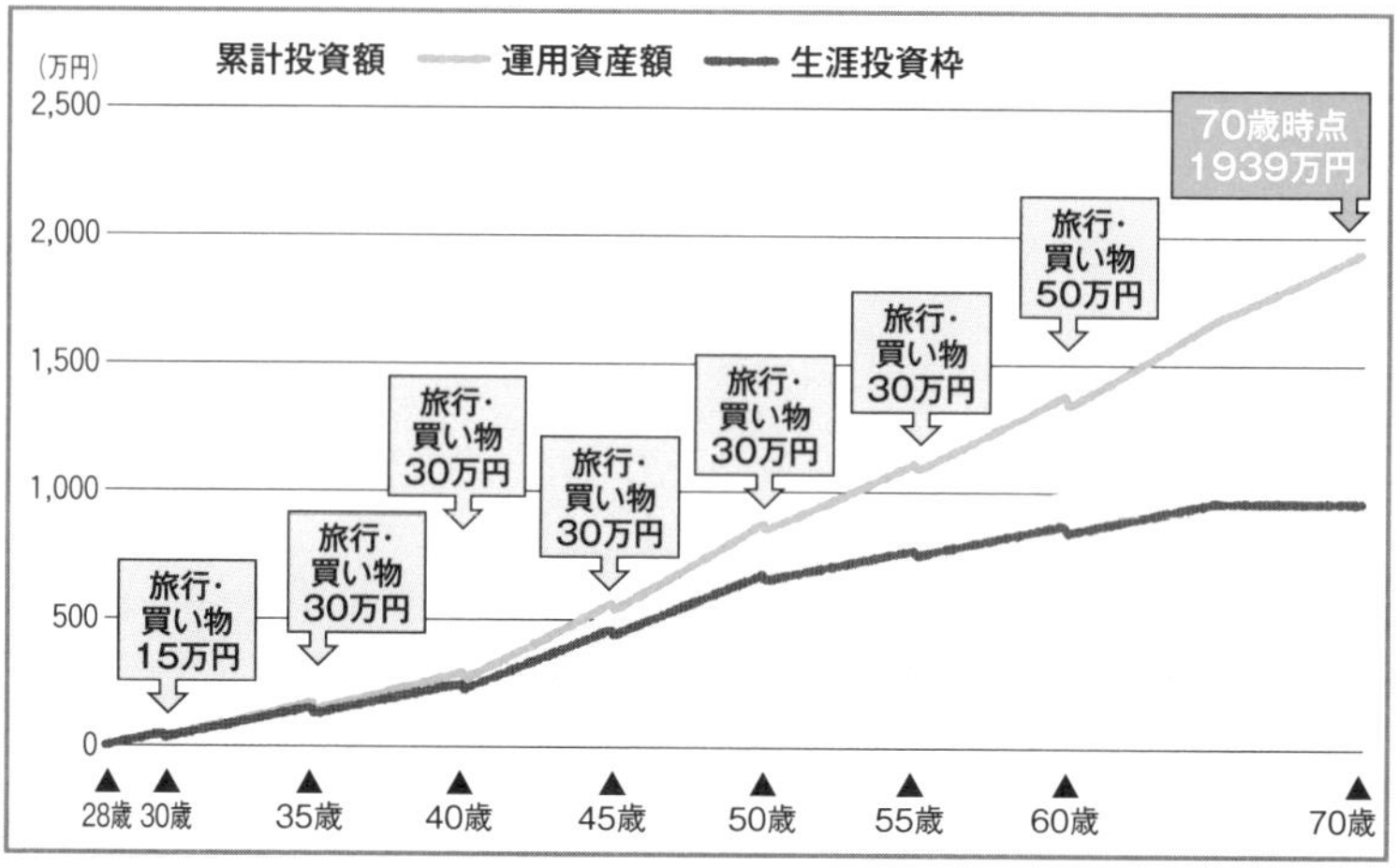


28歳から64歳までの累計投資額　1128万円／70歳時点での運用資産額1939万円／生涯投資枠（最大使用）　961万円

**■時間を味方につけ、「使っても増える」資産に■**前半は売却する頻度が高いため、資産はあまり成長しませんが、長期で積み立てるので、後半はしっかり成長していきます。65歳から69歳までは取り崩さずに運用を続けることで、資産は2000万円近くになりそうです。

**■こんなプランも■**シミュレーションでは、積み立てをやめる65歳時点での想定資産額は、1672万円でした。仮にもう少し投資額を頑張って、28歳から39歳の間だけは月３万円にすると、65歳時点で2035万円となり、69歳まで運用を続けなくても目標を達成できます。

## ケース3　C畑さん（28歳・独身）の投資シミュレーション

■背景■趣味の旅行代を投資から捻出したい。手元を苦しくしたくないので、あまり投資額を上げたくない。

■投資プラン■28歳から39歳までは月２万円、40歳から49歳までは月４万円を積み立て、50歳からは再び月２万円に減額し64歳まで投資。65歳以降は積み立てはせず、運用のみ行います。投資するファンドは、想定リターン（年率）３％程度のバランスファンドとします。

■取り崩し予定■15万円を１回、30万円を５回、50万円を１回、下の表のタイミングで売却します。

投資プラン

| 制度・年齢 | | 投資額（月） | 想定リターン（年率） |
|---|---|---|---|
| NISA | 28歳～39歳 | ２万円 | ３％ |
| | 40歳～49歳 | ４万円 | ３％ |
| | 50歳～64歳 | ２万円 | ３％ |
| | 65歳～69歳 | — | 3% |

途中で取り崩す金額と目的

| 売却タイミング | 売却額 | 目的 |
|---|---|---|
| 30歳 | 15万円 | 旅行・買い物 |
| 35・40・45・50・55歳 | 各30万円（合計150万円） | 旅行・買い物 |
| 60歳 | 50万円 | 旅行・買い物 |
| 取り崩し総額 | 215万円 | — |

ケース
4

30歳　独身
D本さん

# 30歳から65歳になるまで、途中の引き出しはせずに少額投資でコツコツ3000万円つくりたい

月3万円の積み立てを続けましょう

## ●つみたてNISAを延長するような形で、老後資金をコツコツ形成

つみたてNISAは2023年末で終了しますが、月3万円ずつの投資に慣れていた人の中には、新NISAでも同じように投資を続けたいと考える方もいるのではないでしょうか。このプランのモデル、30歳独身、D本さんもその一人です。新NISAでの積み立てはつみたて投資枠で月3万円ずつ、途中での引き出しはしないプランとしました。

投資する商品は、54歳までは想定リターン（年率）5%程度のバランスファンド、55歳以降は3%程度に下げて調整します。このプランで投資を継続すると、65歳時点で約3300万円をつくることができそうです。

## ●月16万円ずつの取り崩しで、95歳まで持つ

このプランで積み立てた運用資産を65歳から取り崩すと、月16万円ずつの取り崩しでも95歳までは資産が持ちます。仮に、毎月の積立額を2万円に下げた場合は、65歳での運用資産が約2200万円。これでも老後は、運用しながら月10・5万円ずつの取り崩しで95歳まで持ちます。早めに投資をスタートすれば、少額でも十分、老後のゆとりをつくることができるのです。

## ●リスクの高い資産から取り崩す

ただし、このプランの場合、65歳時点の資産は、想定リターン（年率）5％程度のバランスファンドのボリュームが多くなっており、少しリスクが高くなっている点が気になります。

そこで、65歳以降の取り崩しは、先に想定リターン（年率）5％程度のバランスファンドから行います。リスクの高い資産から取り崩すことで、資産全体のリスクを下げていく作戦です。

今回のシミュレーションではバランスファンドを使うことを前提としていますが、株式型のインデックスファンドで積み立てを続けた場合も、同じ考え方ができます。取り崩していくうちに、後々にリスクの低い資産の割合が大きくなり、より安定した運用になります。

## 少額の投資で、老後資金をコツコツつくりたい

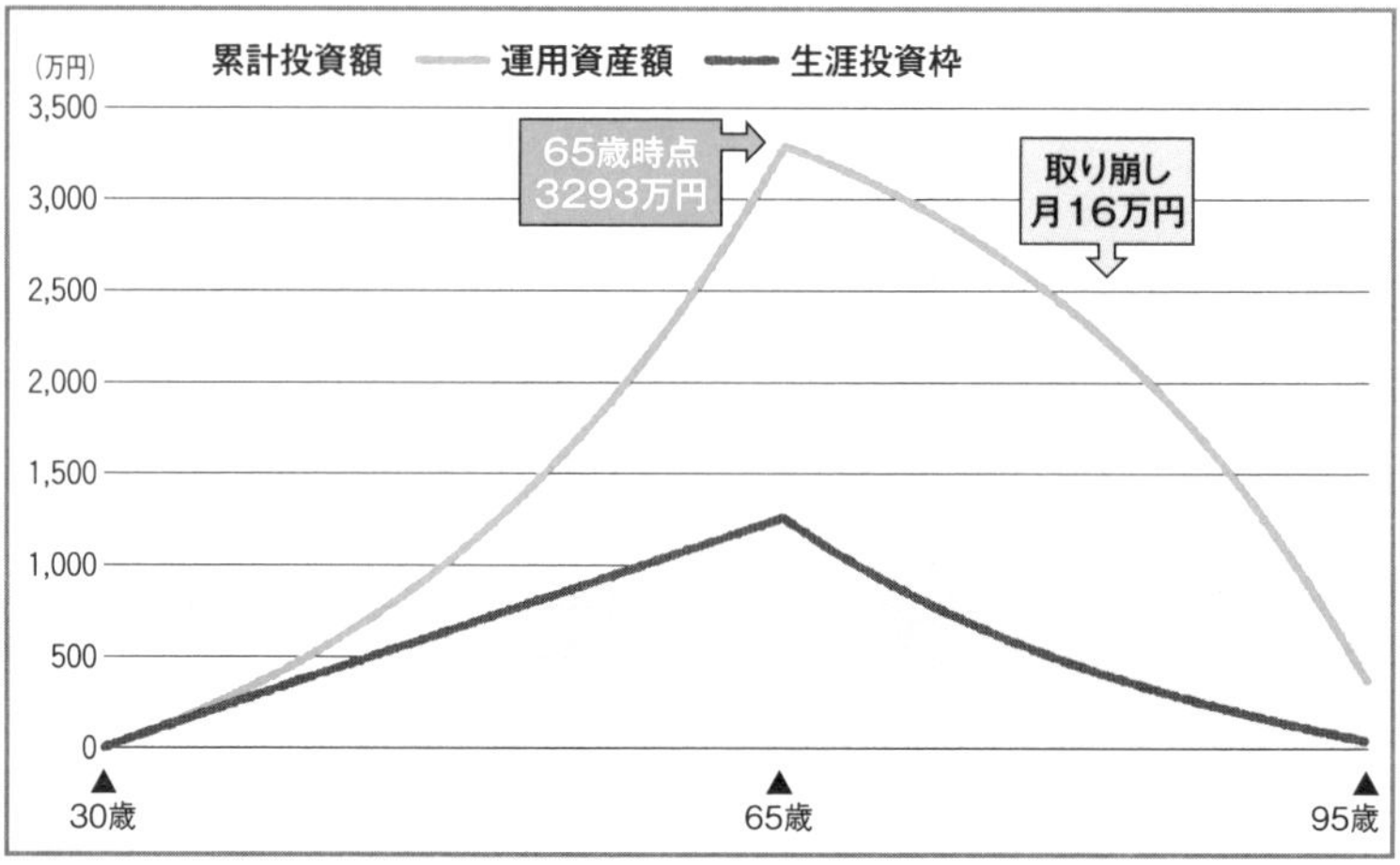


30歳から64歳までの累計投資額　1260万円／65歳時点での運用資産額3293万円／生涯投資枠（最大使用）　1260万円

■**前半はリスクを取って積極的な運用をする**■このケースは最初の25年間は想定リターン（年率）を５％程度とすることで運用資産の成長をめざします。その結果、65歳時点で累計投資額に対して2.6倍の運用資産に成長させることができそうです。その後、月16万円ずつ取り崩しても、95歳までは持ちそうです。

■**こんなプランも**■積み立てする額を月２万円に下げた場合は、65歳での運用資産が約2200万円。これでも月10.5万円ずつの取り崩しで95歳まで持ちます。

## ケース4 D本さん（30歳・独身）の投資シミュレーション

■**背景**■投資額はつみたてNISAと同じ感覚で無理なく続けたい。途中の引き出しは考えていない。

■**投資プラン**■30歳から64歳まで月３万円をつみたて投資枠で積み立て。投資する投資信託は、30歳から54歳までは想定リターン（年率）５％程度とします。55歳以降は、成長投資枠で月３万円を想定リターン（年率）３％程度のバランスファンドで、64歳まで積み立てます。

■**取り崩し予定**■65歳から月16万円を老後の生活費として取り崩します。

**投資プラン**

| 制度・年齢 | | 投資額（月） | 想定リターン（年率） |
|---|---|---|---|
| NISA | 30歳〜54歳 | 3万円 | 5% |
| | 55歳〜64歳 | 3万円 | 3% |
| | 65歳〜94歳 | — | 5%/3% |

**取り崩す金額と目的**

| 売却タイミング | 売却額 | 目的 |
|---|---|---|
| 65歳〜94歳 | 月16万円 | 老後の生活費 |
| 取り崩し総額 | 5760万円 | — |

ケース
5

32歳　独身
E橋さん

# フリーランス。会社員と比べて年金が少ないのが心配

iDeCoも積極的に活用しましょう

●老後も投資を続け、70歳から月16万円ずつ取り崩すプラン

このケースでは、フリーランスや自営業で働く方の老後資金づくりを想定しました。仮に32歳のデザイナー、E橋さんとしましょう。フリーランスや自営業の方の場合、国民年金の第1号被保険者となり、65歳から受給できる年金は基本的に老齢基礎年金のみです。そこでこのケースでは、老後に月16万円ずつ取り崩しても、90歳まで持つ資産をつくるプランとしました。

69歳までは現役で働く予定として、積立投資は69歳まで継続、取り崩しは70歳から始めるものとします。積み立てる金額は収入の変動を考えて月4万円とし、うち3万円はiDeCoを活用するプランとしました。ただし、iDeCoは第4号加入者（国民年金の任意加入被保険者）となっても64歳までしか積み立てできないため、65歳以降はNISAに月4万円投資します。

## ●積み立て中も取り崩し中もバランスファンドで運用

投資する商品は、想定リターン（年率）3％程度のバランスファンドとしました。リスクを抑える分、リターンも控えめになりますが、それでも70歳時点で3400万円近くまでの資産に到達しそうです。投資期間が長いので、若いうちはもう少しリスクを取ってもよいかもしれません。たとえば、49歳までは想定リターン（年率）5〜7％程度、50歳以降は3％程度に切り替えるプランも考えられます。

## ●70歳からiDeCoの資産を新NISAに移す

70歳でiDeCoの運用資金を一括で受け取ります。同時に、非課税運用期間が生涯続くNISA口座へ資産を移動させます。具体的には、一括で受け取ったiDeCoの資産から、毎月16万円は生活費に、30万円はNISAでバランスファンド（つみたて投資枠対象商品）を購入していく形です。新NISAの年間360万円の投資枠を最大限に使って、3年ほどかけて資産を移します。iDeCoの現金資産が1000万円以下になったら、移動はやめます。この現金資産は万が一のために残しておき、NISAの資産から先に取り崩すことで、よりリスクを抑えた運用を行います。それでも、月16万円使って90歳まで資産が持つ計算です。

## 70歳まで働くので、
## 月15万円以上は取り崩せる資産にしたい

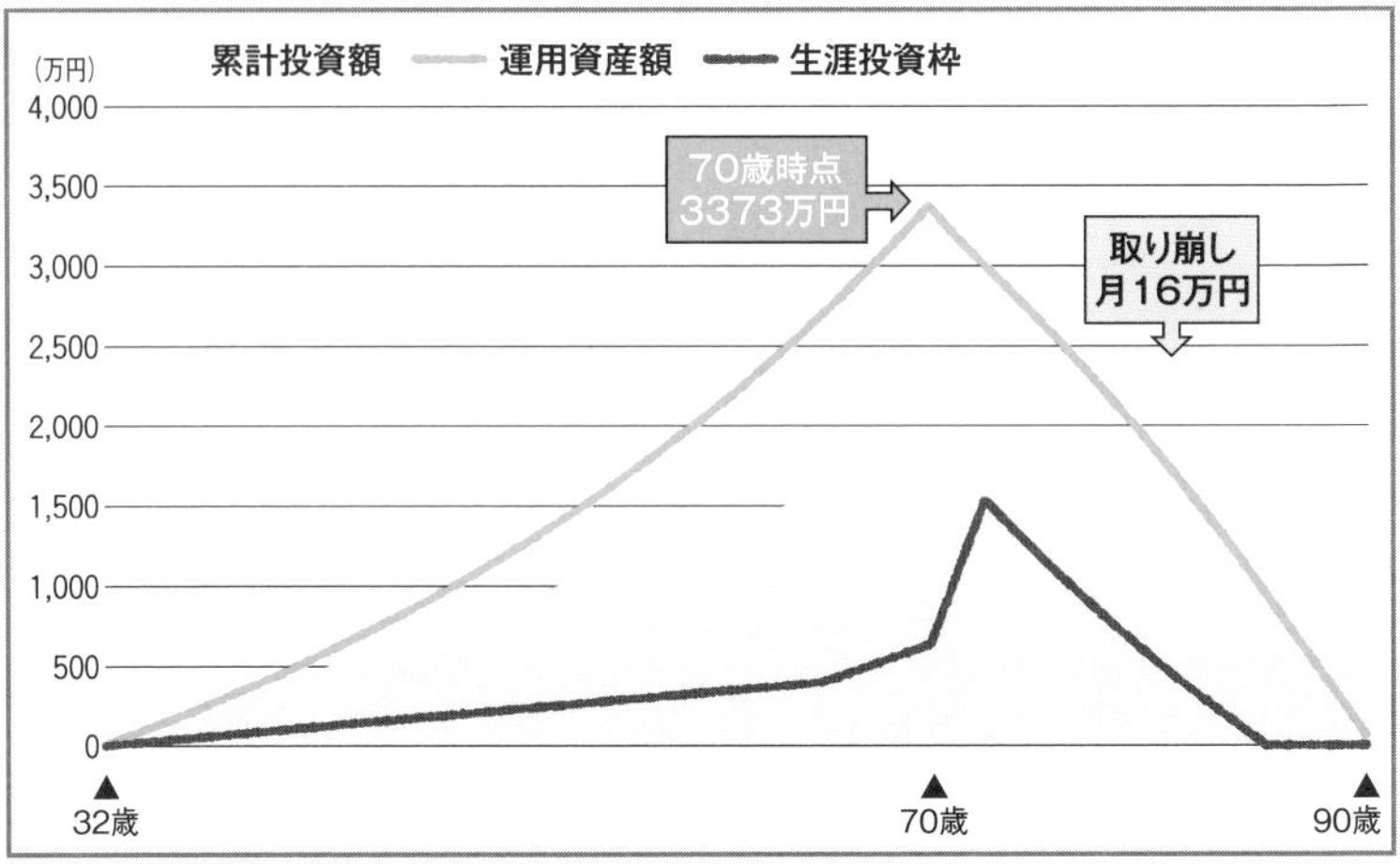


32歳から69歳までの累計投資額　1824万円（うちiDeCo　1188万円）／70歳時点での運用資産額　3373万円／生涯投資枠（最大使用）　1536万円

**■70歳から月16万円取り崩しても、90歳になるまで持つ■** iDeCoは75歳までに受け取りを開始しなければならないので、70歳以降にiDeCoの運用資金をNISAへ移動することで、より長く運用でき、資産寿命を延ばすことができます。月16万円ずつ取り崩しても、90歳になるまでは持ちます。

**■こんなプランも■**資産を100歳まで持たせたい場合、取り崩しを月11万円にすれば可能です。仮に、32歳から49歳まではもう少しリスクを取り、想定リターン（年率）５％程度で運用した場合、70歳からの取り崩し額は月12.5万円にすることができます。

## ケース5 E橋さん（32歳・独身）の投資シミュレーション

**■背景■**フリーランスで年金が少ないのが気がかり。69歳までは働くので、老後に3000万円は欲しい。ただ、収入も不安定なので、積み立て額は３万～５万円の間に抑えたい。

**■投資プラン■**32歳から64歳まで月１万円、iDeCoに月３万円を積み立てます。69歳までは働くので、その後も投資を継続。65歳以降はiDeCoに投資していた３万円をNISAに上乗せし、月４万円を69歳まで積み立てます。iDeCoは69歳までそのまま運用を継続。70歳以降は、iDeCoから月に46万円取り崩し、16万円は生活費、30万円はNISAで投資します。投資するファンドは、想定リターン（年率）３％程度のバランスファンドです。

**■取り崩し予定■**途中での引き出しはせず、老後は月16万円ずつ取り崩すプランです。

投資プラン

| 制度・年齢 | | 投資額（月） | 想定リターン（年率） |
|---|---|---|---|
| NISA | 32歳～64歳 | 1万円 | 3% |
| | 65歳～69歳 | 4万円 | 3% |
| | 70歳～72歳 | 30万円 | 3% |
| | 73歳～85歳 | — | 3% |
| iDeCo | 32歳～64歳 | 3万円 | 3% |
| | 65歳～69歳 | — | 3% |

取り崩す金額と目的

| 売却タイミング | 売却額 | 目的 |
|---|---|---|
| 70歳～89歳 | 月16万円 | 老後の生活費 |
| 取り崩し総額 | 3840万円 | — |

※85歳でNISA口座の残高がゼロになった後は現預金から取り崩します。

ケース
6

35歳　独身
F田さん

# 30代半ばからの全力投資で、資産５０００万円達成できた時点でリタイアしたい

年間投資枠をフル活用しましょう

## ●生涯投資枠を最速で使い切り、ひたすら運用

35歳のF田さんは、相続で１８００万円が手に入りました。このお金を新ＮＩＳＡで投資し、資産がうまく増えたら早めにリタイアしようと考えています。このケースでは、こうした投資にある程度のお金を回せる場合の運用プランを考えてみました。

このように投資にまとまったお金を回せる場合、少額ずつ積み立てていたのでは、資産が成長しません。できるだけ早く、成長が期待できる資産にお金を移すことを検討しましょう。とはいえ、一括で買うのは高値づかみのリスクがあるため、何回かに分けるとよいでしょう。新ＮＩＳＡでは年間投資枠が３６０万円までと決められていますので、F田さんの場合、フルで活用すれば５年で資産の移動が完了します。

## ●54歳まで運用すると、早期リタイアできる資産に

投資する商品は、想定リターン（年率）５％程度のバランスファンドとします。つみたて投資枠に月10万円、成長投資枠に月20万円ずつ投資していくと、39歳で生涯投資枠を使い切ります。その後も運用を続けると、55歳では４２００万円弱に成長する計算です。仮に、この時点で仕事を辞め、退職金が１０００万円ほど出たとすると、資産５０００万円を達成できたことになります。その先は、リスクを落として運用するために想定リターン（年率）３％程度のバランスファンドに切り替えます。切り替えの方法については、59〜61ページを参考ください。

なお、実際には資産の切り替えは数年かかりますが、ここではシミュレーションの都合上、一括変更したものとして試算しています。

## ●55歳以降は月25万円、65歳からは月12万円を取り崩す

55歳で引退する場合、年金を受け取る65歳までは無収入なので、資産から多めに取り崩しが必要になります。65歳以降は、受け取る年金額にもよりますが生活費の不足分だけ取り崩していくとよいでしょう。仮に運用を継続したまま55歳から月25万円、65歳から月12万円を取り崩した場合、90歳まで資産が持ちます。95歳まで持たせたい場合は、55歳以降も無理しない程度に働き、取り崩し額を減らして調整するのがよいと思います。

## 5000万円つくり、55歳で早期リタイアしたい

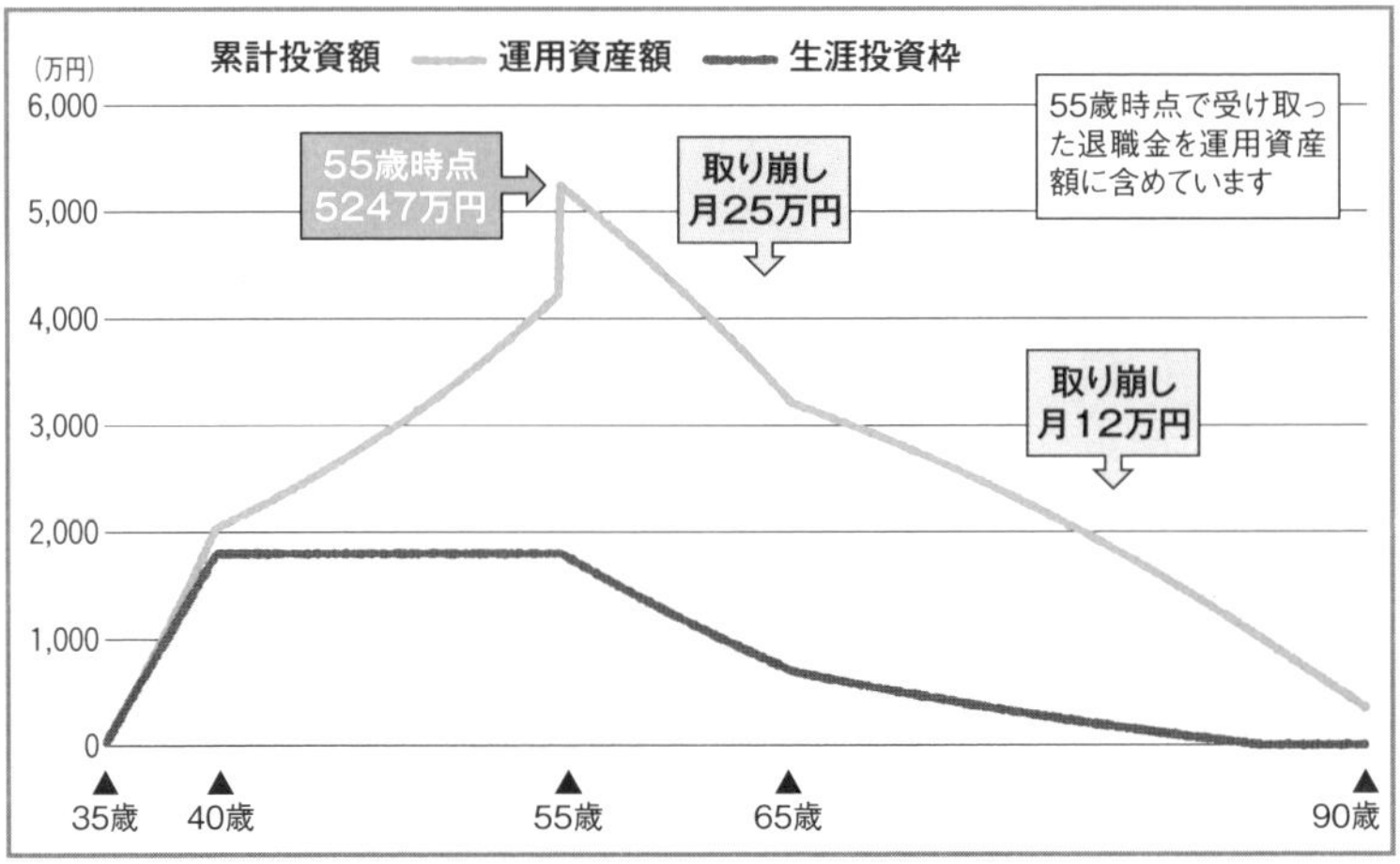


35歳から39歳までの累計投資額　1800万円／55歳時点での運用資産額5247万円（現預金含む）／生涯投資枠（最大使用）　1800万円

**■初期投資額を多くし、運用効果を上げる■**このケースは最初の５年間で、一気に生涯投資枠を使い切り、その後15年間運用を続けることで、資産を成長させるプランです。取り崩しは年金を受け取り始める前と後で金額を調整することで、90歳まで資産を持たせます。

**■こんなプランも■**55歳以降も少し働き、64歳までの取り崩し額を月20万円に減らした場合、100歳まで資産寿命を延ばすことができます。また、老後まで時間があるので、前半のリスクはもう少し高くしてもいいでしょう。仮に、35歳から54歳までは想定利回り（年率）７％程度で運用した場合、55歳時点の運用資産額は現預金を含めて6900万円ほどになります。

## ケース6 F田さん（35歳・独身）の投資シミュレーション

■背景■まとまったお金が手に入ったので年間投資枠をフルで使い、積極的に投資したい。55歳で退職後は、退職金（1000万円）と資産からの取り崩しをメインに生活するのが目標。

■投資プラン■35歳から39歳まで月10万円をつみたて投資枠、20万円を成長投資枠で積み立て。投資する投資信託は、35歳から54歳までは想定リターン（年率）５％程度、55歳以降は３％程度のバランスファンドとします。

■取り崩し予定■55歳からは月25万円、65歳からは月12万円を取り崩します。

投資プラン

| 制度・年齢 | | 投資額（月） | 想定リターン（年率） |
|---|---|---|---|
| NISA | 35歳～39歳 | 30万円 | 5% |
| | 40歳～54歳 | — | 5% |
| | 55歳～85歳 | — | 3% |

取り崩す金額と目的

| 売却タイミング | 売却額 | 目的 |
|---|---|---|
| 55歳～64歳 | 月25万円 | 生活費 |
| 65歳～89歳 | 月12万円 | 年金受給後の生活費 |
| 取り崩し総額 | 6600万円 | — |

※85歳でNISA口座の残高がゼロになった後は現預金から取り崩します。

ケース
7

35歳　既婚
G島さん

# 30代DINKS。夫婦で5000万円つくり、60歳からセカンドライフを楽しみたい

つみたて投資枠を夫婦で最大限活用しましょう

## ●夫婦で月6万円ずつの投資で、豊かな老後に

新NISAは1人につき生涯投資枠が1800万円ありますので、夫婦2人で活用すると合計で3600万円まで非課税で投資できます。このケースでは、夫婦で老後資金をしっかりつくって60歳で仕事は完全にリタイアし、セカンドライフを楽しみたいG島さん夫婦（夫・妻ともに35歳、会社員。子どもなし）を想定しました。夫婦ともに積極的に積立投資をし、60歳時点で資産を5000万円に到達させるプランです。

5000万円と聞くと、とてつもなく遠い数字に思えるかもしれませんが、試算したところ、リスクを控えた運用でも1人月6万円ずつ（夫婦で12万円）の積み立てで十分達成できそうです。

G島さん夫婦のように途中の教育費を考慮しなくてよい場合、たとえば月収から3万円、ボーナ

スからそれぞれ36万円を取り分けて、毎月の積み立てに3万円ずつ上乗せするような形なら、それほど無理なく継続できるのではないでしょうか。

**●つみたて投資枠とiDeCoで5000万円達成**

新NISAのつみたて投資枠は年間120万円あるので、単純計算で月10万円まで積み立てが可能です。今回はその半分の額の5万円を夫婦それぞれがNISA口座で投資するプランにしました。1万円は節税メリットを考慮しiDeCoを使うことにします。どちらも想定リターン（年率）3%程度のリスクを控えたバランスファンドでの運用です。59歳までの25年間に積み立てる元本は、夫、妻それぞれ1800万円で、うちNISAでの積み立ては1人1500万円です。最後までつみたて投資枠だけで投資でき、管理もシンプルです。

**●60歳以降はiDeCoを先に使う**

試算結果を見ると、60歳時点でトータル5335万円となりました。その先の取り崩しは、公的年金等の受取額にもよりますが、iDeCoから先に使ってはいかがでしょうか。NISAはできるだけ長く運用を続け、人生後半の資金を少しでも増やしていきましょう。

## 夫婦で積極的に投資して、60歳で5000万円くらいはつくりたい

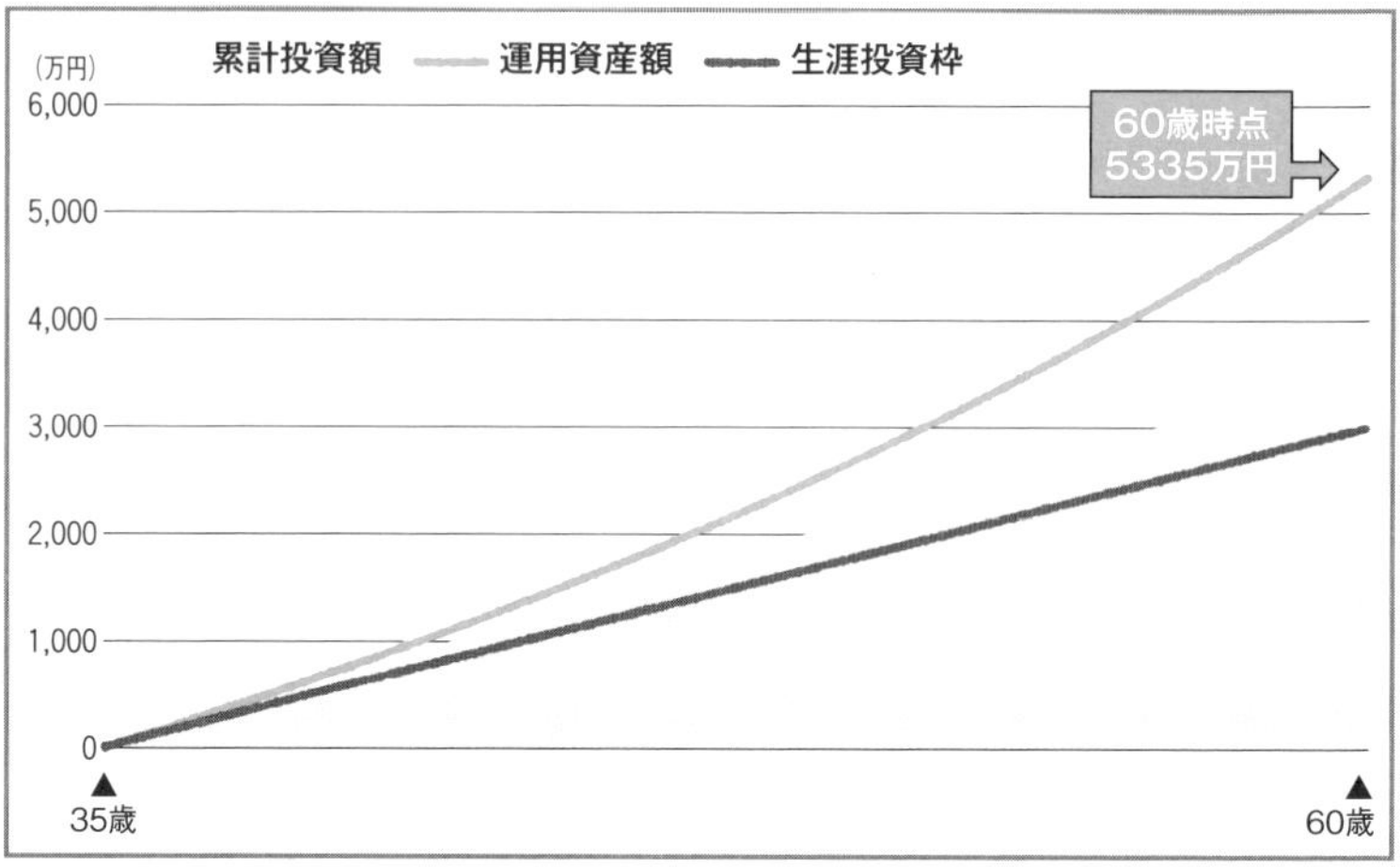


35歳から59歳までの累計投資額（夫婦） 3600万円（うちiDeCo 600万円）／60歳時点での運用資産額 5335万円／生涯投資枠（夫婦合計最大使用） 3000万円

**■夫婦で協力し5000万円を達成■**グラフは夫婦２人分の資産形成の推移で、月12万円の積み立て結果をシミュレーションしています。途中の引き出しを行わないので順調に資産が成長し、あまりリスクを取らなくても60歳時点で5000万円以上の資産になりそうです。

**■こんなプランも■**今回は最後まで想定リターン（年率）３％程度の投資信託で運用するシミュレーションをご紹介しました。たとえば、35歳から49歳まではもう少しリスクを取ってもいいと考えるなら、想定リターン（年率）５〜７％程度の商品で運用してもいいでしょう。仮に、５％程度で運用した場合、60歳時点では約6000万円に到達します。

## ケース7 G島さん（35歳・既婚）の投資シミュレーション

**■背景■**子どもがいないDINKS。現役生活もほどほどに楽しみながら老後資金もしっかりつくり、60歳で仕事を辞めたい。

**■投資プラン■**35歳から59歳まで夫婦それぞれ月5万円をNISA、月1万円をiDeCoで積み立て。投資するファンドは、想定リターン（年率）3％程度のバランスファンドとします。

**■途中での引き出し予定■**なし。

| 投資プラン | | | |
|---|---|---|---|
| 制度・年齢 | | 投資額（月） | 想定リターン（年率） |
| NISA | 35歳〜59歳 | 夫5万円＋妻5万円 | 3% |
| iDeCo | 35歳〜59歳 | 夫1万円＋妻1万円 | 3% |

ケース
8

36歳　独身
H垣さん

# 30代シンママ。子ども2人の教育費と老後資金をできるだけ多く用意しておきたい

できるだけ長く投資するプランを！

## ●95歳まで月7万円ずつ取り崩せるプラン

このケースでは、1人で子どもを育てるシンママ・シンパパの新NISA活用プランを考えてみました。仮に10歳と7歳の子を育てるシンママH垣さん（36歳）とします。シンママ・シンパパのライフプランは、1人分の収入で子どもの教育費と自分の老後資金をどう確保するかがポイントです。特に女性の場合、男性より平均寿命が長いため、老後資金はしっかり準備する必要があります。とはいえ、よほど稼いでいる場合でない限り、投資額もあまり多くできないのが難しいところです。

今回は、教育費としてそれぞれの子どもの大学入学時に200万円を使いつつ、95歳まで月7万円ずつ取り崩せるプランをシミュレーションしました。

### ●投資額とリスクを調整しながら70歳でほぼ1500万円に

投資する金額は無理せず、月3万円とします。投資する商品は59歳までは想定リターン（年率）5％程度、60歳以降は3％程度のバランスファンドでリスクをコントロールしながら、69歳まで積立投資を続けます。このプランであれば、教育費に途中で200万円ずつ使っても、70歳時点で約1500万円の資産をつくることが可能です。

### ●投資プランから定年後のキャリアを考える

H垣さんのケースでは、70歳から資産を運用しながら月7万円ずつ取り崩しても、95歳まで十分持つことがわかりました。70歳まで働いて、年金の受給を繰下げすれば、収入にもよりますが70歳からの受給額は65歳時点の約1・4倍になります。この年金と、資産からの月7万円の取り崩しがあれば、1人分の年金生活であっても、ある程度のゆとりは確保できるのではないでしょうか。

このケースのように、長く投資を続けるプランにする場合、投資する間はなんらかの形で仕事を続ける必要が出てきます。投資プランを考えることで、何歳まで働くか、どのような働き方をしたいか、いくらぐらい稼げばよいかといった、定年後のキャリアを具体的に考えるきっかけにもなるのです。

## シングルマザー。教育費と老後資金を投資で捻出したい

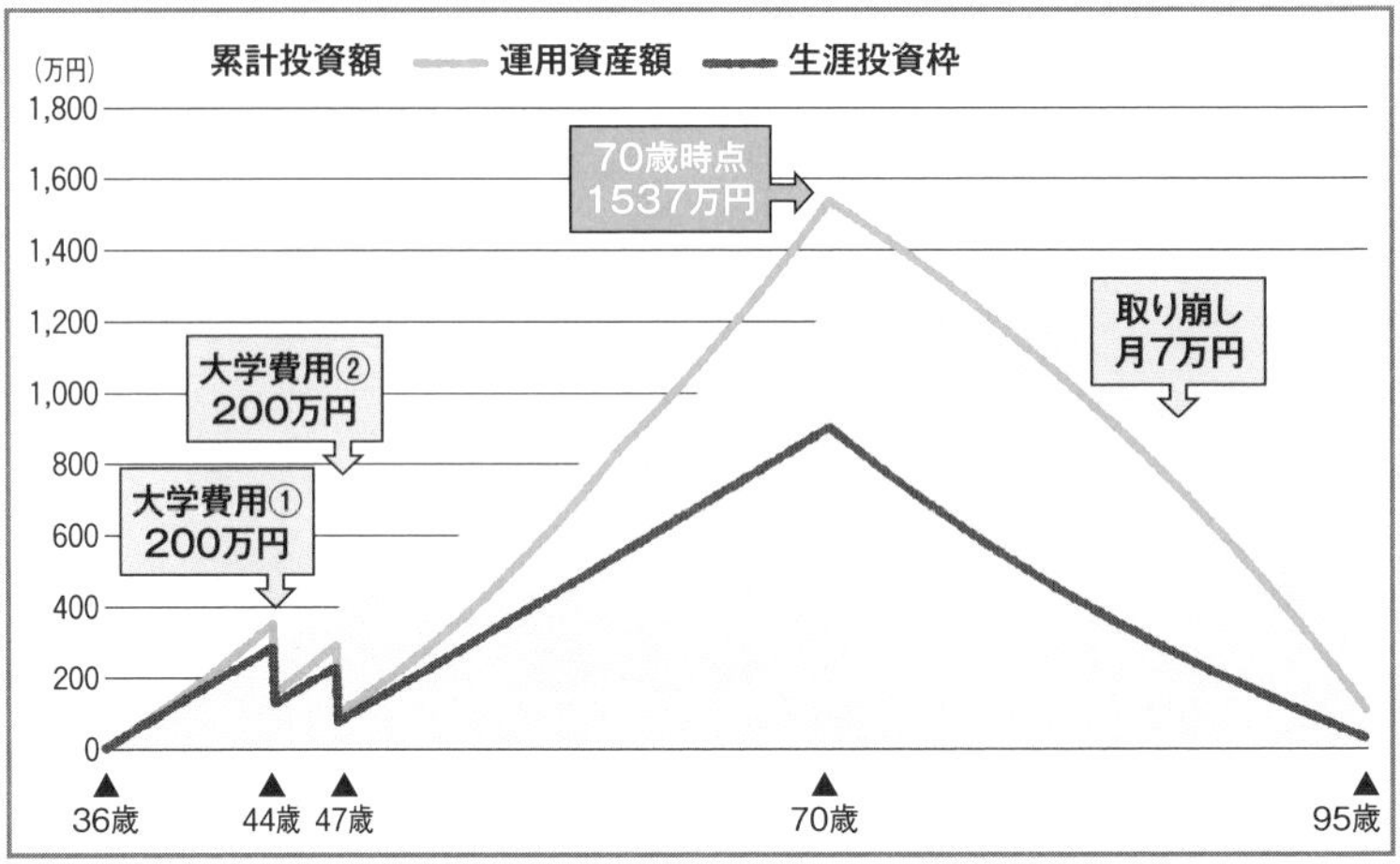


36歳から69歳までの累計投資額　1224万円／70歳時点での運用資産額1537万円／生涯投資枠（最大使用）　902万円

**■長く続けることで目標達成■**教育費を使った後は、資産が一時的に落ち込みますが、その後もコツコツ積み立てを続けることで、70歳時点で1537万円に到達します。69歳まで働いて生活費を稼ぎ、年金を繰下げ、70歳以降の年金収入を増やすことを念頭においたプランです。

**■こんなプランも■**36歳から69歳までの積立投資額を月４万円に増やすことができれば、36歳から59歳までの運用を想定リターン（年率）３％程度に抑えたとしても、70歳時点で2000万円近い資産運用額となり、70歳以降の毎月の取り崩し額を９万円に増やすことができる計算です。

## ケース8 H垣さん（36歳・独身）の投資シミュレーション

■背景■69歳までは働いて、年金は繰下げるつもり。２人の子ども（10歳・７歳）の大学進学費用を払いつつ、老後に月７万円くらいは年金にプラスできる資産をつくりたい。

■投資プラン■36歳から69歳まで月３万円を積み立てます。投資する商品は、59歳までは想定リターン（年率）５％程度、60歳以降は３％程度のバランスファンドとします。

■取り崩し予定■2人の子どもの大学入学時に、教育費としてそれぞれ200万円を使う予定。老後は70歳以降、月７万円ずつ取り崩します。

投資プラン

| 制度・年齢 | | 投資額（月） | 想定リターン（年率） |
|---|---|---|---|
| NISA | 36歳〜59歳 | 3万円 | 5% |
| | 60歳〜69歳 | 3万円 | 3% |
| | 70歳〜94歳 | — | 3% |

取り崩す金額と目的

| 売却タイミング | 売却額 | 目的 |
|---|---|---|
| 44歳 | 200万円 | 第一子（18歳）・大学入学費用 |
| 47歳 | 200万円 | 第二子（18歳）・大学入学費用 |
| 70歳〜94歳 | 月７万円 | 老後の生活費 |
| 取り崩し総額 | 2500万円 | — |

ケース
9

38歳　既婚
I本さん

## 30代半ば以降に子どもが2人誕生。50代に教育費のピークがきても乗り切りたい

貯めどきを逃さないのがコツ

### ●最後の貯めどきがあまりないケースの投資プラン

結婚、出産が30代後半というケースも最近は少なくありません。そこでこのケースでは、38歳で子どもがまだ3歳と0歳、妻は第二子出産後にパートで復帰という、I本さん夫婦の投資プランをシミュレーションしてみました。また、車が必要な地域の場合、車の買い替えも現実的に必要になるため、その購入費用（200万円×2回）も途中で捻出することとしました。

30代で子どもができると、50代で教育費のピークを迎えます。子どもの大学費用（1人300万円）の支払いが済んでから定年までの時間が短くなるため、最後の貯めどきがあまり使えません。投資できるタイミングでは、できるだけ投資額を上乗せしていくことがポイントになります。

## ●収入が上がった分は投資に回す

このケースでは、家計のやりくりに力を入れて、収入が増えた分はできるだけ投資に回していくプランとしました。子どもが小さいうちは妻もまだそれほどパートに出られないことを想定し、世帯で月4万円の積み立てでスタート。

その後、45歳からは夫は月4万円、妻もパートを増やし月2万円を積み立てていきます。50歳からは夫が月5万円、妻が月3万円を積み立てし、64歳まで続けます。投資する商品は、59歳までは想定リターン（年率）5％程度のバランスファンド、60歳の定年以降は3％程度に落として運用していきます。

## ●教育費と車の買い替え費用を使っても、2100万円以上を達成

収入が上がっても、生活水準を変えずに投資額を増やしていくことで、車と教育費にトータル1000万円を使っても、65歳時点では2100万円以上の資産に到達できそうです。64歳までの投資元本は2136万円ですので、車2台分の買い替えと2人の大学入学費用を、ほぼ投資で捻出できたことになります。

## 車の買い替えと２人分の教育費を払っても、老後に2000万円つくりたい

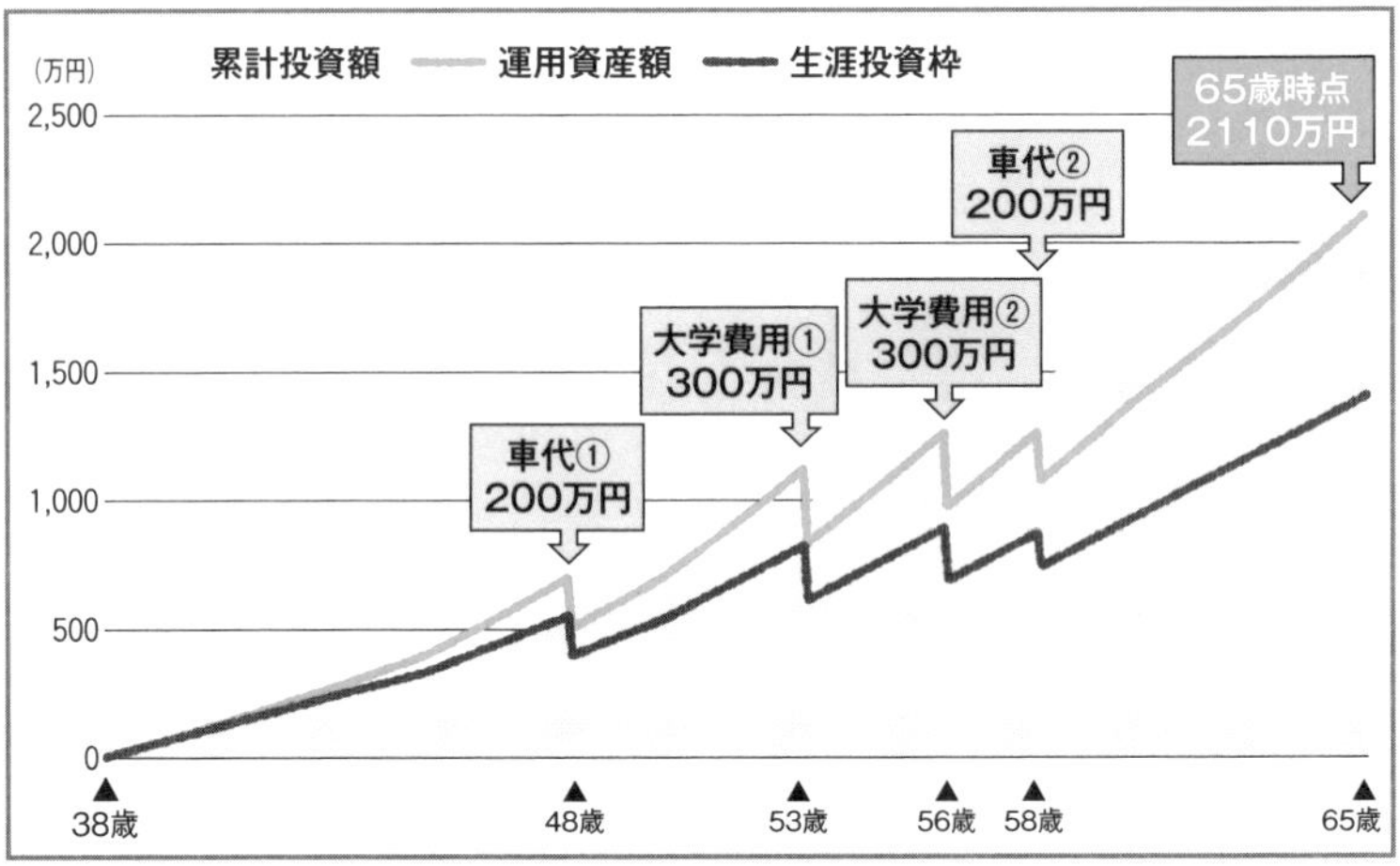


38歳から64歳までの累計投資額（夫婦） 2136万円／65歳時点での運用資産額 2110万円／生涯投資枠（夫婦合計最大使用） 1406万円

**■後半の投資額を増やし、ラストスパートをかける■**このプランでは、前半は無理をせず、後半の50歳から投資額を上げてラストスパートをかけるプランとしました。収入が増えてきても生活費はそのままで、投資に回すイメージです。教育費に加え、途中で２回車の買い替え費用を運用資産から捻出したとしても、65歳時点では2110万円をつくることができそうです。

**■こんなプランも■**今回は、収入に応じて投資額を上げていくプランとしましたが、資産形成としては、前半の投資額が多いほど後半の成長が大きくなります。仮に、子どもがまだ小さい38歳から44歳までの間はあと２万円増額して月６万円、逆に45歳から49歳までを２万円減額して月４万円積み立てた場合、65歳の運用資産額は2336万円まで増やすことができそうです。

## ケース9 I本さん（38歳・既婚）の投資シミュレーション

■**背景**■子どもが３歳と０歳。妻はパート。収入が上がる分は投資に回していく予定。

■**投資プラン**■38歳から44歳までは夫は月３万円、妻は月１万円を積み立て。45歳から49歳までは世帯で月６万円、50歳からは月８万円にアップ。60歳以降も仕事を続け、そのまま積立投資を継続。投資する商品は、59歳までは想定リターン（年率）５％程度、60歳以降は３％程度のバランスファンドとします。

■**取り崩し予定**■車の購入に200万円を10年ごとに２回、２人の子どもの大学入学時に、それぞれ300万円を使う予定です。

投資プラン

| 制度・年齢 | | 投資額（月） | 想定リターン（年率） |
|---|---|---|---|
| NISA | 38歳～44歳 | 夫3万円＋妻1万円 | 5% |
| | 45歳～49歳 | 夫4万円＋妻2万円 | 5% |
| | 50歳～59歳 | 夫5万円＋妻3万円 | 5% |
| | 60歳～64歳 | 夫5万円＋妻3万円 | 3% |

取り崩す金額と目的

| 売却タイミング | 売却額 | 目的 |
|---|---|---|
| 48歳 | 200万円 | 車購入費 |
| 53歳 | 300万円 | 第一子（18歳）・大学入学費用 |
| 56歳 | 300万円 | 第二子（18歳）・大学入学費用 |
| 58歳 | 200万円 | 車購入費 |
| 取り崩し総額 | 1000万円 | — |

ケース
10

42歳　既婚
J間さん

# 40代で第一子誕生。子どもの教育費も老後資金もしっかり用意したい

子どもが小さいうちは積立額を増やしましょう

## ●教育費と老後資金を同時につくる場合のプラン

ケース10は、ケース9よりさらに子どもができたタイミングが遅い場合を想定しました。子どもが大学入学時に定年を迎えてしまうJ間さん（夫・妻ともに42歳）夫婦です。子どもは1人の予定で、教育費にはお金をかけたいと考えています。中学受験もし、大学進学時には留学もできるよう、NISAの資産から800万円は使おうと考えています。

一方、リタイアを65歳だとすると、働けるのは残り23年です。妻も正社員としてフルタイムで復職するつもりですが、この間に老後資金も同時に貯めていく必要があります。このケースではこうした遅い投資のスタートでも積極的に投資することで、教育費に800万円を使っても65歳で2600万円ほど残るプランをシミュレーションしました。

**●第一子の塾代がかかる前は月10万円ずつ積み立て**

J間さん夫婦のケースは、共働きで投資に回せる額も大きいので、子どもが小さいうちは月10万円を積み立てます。中学受験をする場合、小学校低学年から塾に通うのも一般的で、月謝や夏期講習代などが発生します。その先はずっと、塾代や私立の学費などがかかり続けると考え、投資は世帯で月5万円に減額します。この額を64歳まで続けます。

投資する商品は、想定リターン（年率）5％程度のバランスファンドです。60歳で教育費に800万円を使った後は、リスクを抑えるため3％程度の商品に切り替えます。それでも、65歳の引退時には2600万円をつくることができそうです。

**●目的別に夫婦で役割分担すると管理しやすい**

教育費がかかり始める前の期間は投資額をできるだけ増やしたことで、投資のスタートが遅くても目標を達成することができました。もし、前半の投資額を5万円にしていた場合、65歳時点の運用資産額は1400万円台まで下がってしまいます。

共働きで投資していく場合、たとえば夫のNISA口座は老後資金用、妻のNISA口座は教育費用など、目的別に分けて管理するのもおすすめです。途中の売却時に迷わなくてすみ、老後資金用の口座は途中で引き出しせずに運用することで、資産をしっかり成長させられます。

## 晩産。教育費はしっかり使いつつ、老後資金もつくっていきたい

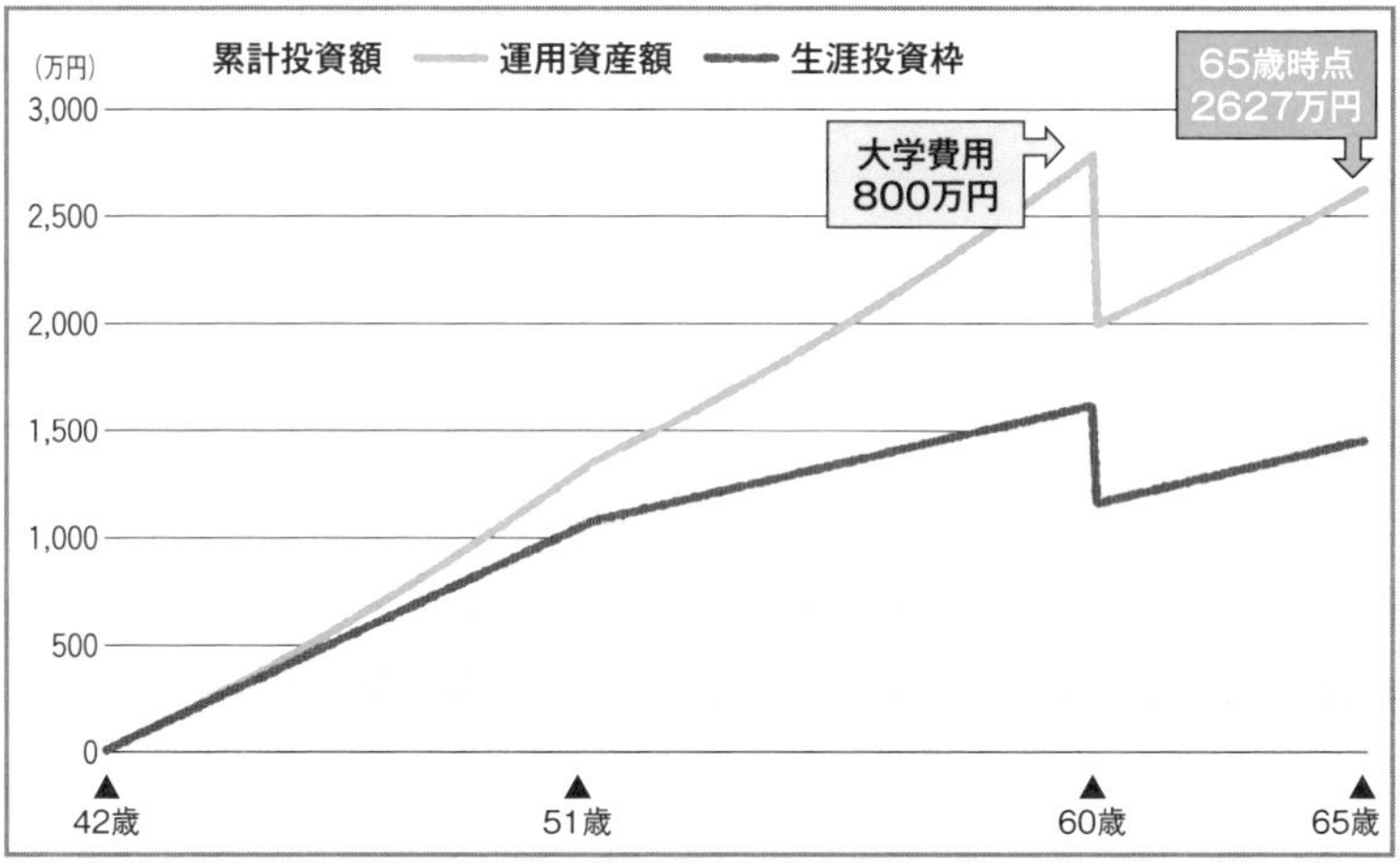


42歳から64歳までの累計投資額（夫婦）　1920万円／65歳時点での運用資産額　2627万円／生涯投資枠（夫婦合計最大使用）　1620万円

■**子どもが小さいときの貯めどきに頑張る**■前半の投資額を増やすことで、大学資金に800万円を使っても、65歳時点で2600万円以上をつくることができました。40代からの投資スタートは、20代と比べると老後までの時間が短くなりますが、収入が増えている分、家計の工夫次第で投資額を増やせるのは強みです。

■**こんなプランも**■仮に、42歳から50歳までの投資額をもう少し頑張って１人月６万円ずつ（合計12万円）にした場合、65歳での運用資産額は3000万円を超え、より安心感が増します。このケースの場合、最初の９年が最大にして最後の貯めどきなので、最初にしっかり夫婦で話し合い、投資額を設定することが大切です。

## ケース10 J間さん（42歳・既婚）の投資シミュレーション

**■背景■**子どもが大学に入学するころには定年。子どもの教育費に800万円は用意しつつ、老後資金も2500万円くらいほしい。

**■投資プラン■**42歳から50歳（子どもが小学校２年生）までは夫婦で月10万円を積み立て。その後は塾代などもかかるため、夫は月３万円、妻は月２万円を64歳まで継続して積み立てます。投資する商品は、59歳までは想定リターン（年率）５％程度のバランスファンドとし、60歳以降は３％程度のものに移し替えます。

**■取り崩し予定■**子どもの大学入学時に、800万円を使う予定です。

投資プラン

| 制度・年齢 | | 投資額（月） | 想定リターン（年率） |
|---|---|---|---|
| NISA | 42歳～50歳 | 夫5万円＋妻5万円 | 5% |
| | 51歳～59歳 | 夫3万円＋妻2万円 | 5% |
| | 60歳～64歳 | 夫3万円＋妻2万円 | 3% |

取り崩す金額と目的

| 売却タイミング | 売却額 | 目的 |
|---|---|---|
| 60歳 | 800万円 | 子ども（18歳）・大学入学費用 |

ケース
11

44歳　独身
K辺さん

# 40代半ばから投資を始めて3000万円つくって、できれば60歳で引退したい

## ●59歳まで積み立てし、その後運用で目標を達成するプラン

44歳から投資を始め、65歳時点で3000万円をつくるとなると、かなり投資額を増やして、リスクも取っていく必要があります。しかし、59歳まで積み立てし、その後は運用で増やしていく手段を取れば、ハードルは下がってきます。

このケースでは、この手段を使って60歳で仕事を辞めたいと考えているK辺さんの投資プランをシミュレーションしてみたいと思います。

まず、積立額は44歳から49歳までの6年間は月6万円、その後、50歳から59歳までは月10万円をラストスパートとして頑張ります。投資する商品は、想定リターン（年率）5％程度のバラン

スファンドです。本来であれば、50代後半からは想定リターン（年率）3％程度にリスクを落としたいところですが、今回は目標が高いため5％程度のままとしました。

### ●65歳で3000万円に到達。より早く到達させるには、前半の投資額を上げる

このケースの場合、60歳時点の運用資産額は2300万円ほどと、まだ目標には届きません。しかし、64歳まで資産を取り崩さず運用を続けると、65歳時点で約3000万円まで成長させることができそうです。

60歳以降は、新規の積み立てはしなくてよいので、退職金等を使って生活するか、生活費をまかなえる程度に働くという選択肢も取れます。

どうしても早くリタイアしたい場合は、前半の投資額を増やします。44歳から月10万円の積み立てを行えば、60歳時点で約2900万円とほぼ目標に近い額までつくることができます。

繰り返しになりますが、投資プランを考えることは人生後半のキャリアプランを考えることにつながります。40代になったら、投資の目的、資産を一度整理し、この先の働き方や投資額を考えてみるとよいでしょう。

## 3000万円くらいは老後資金をつくり、できるだけ早く引退したい

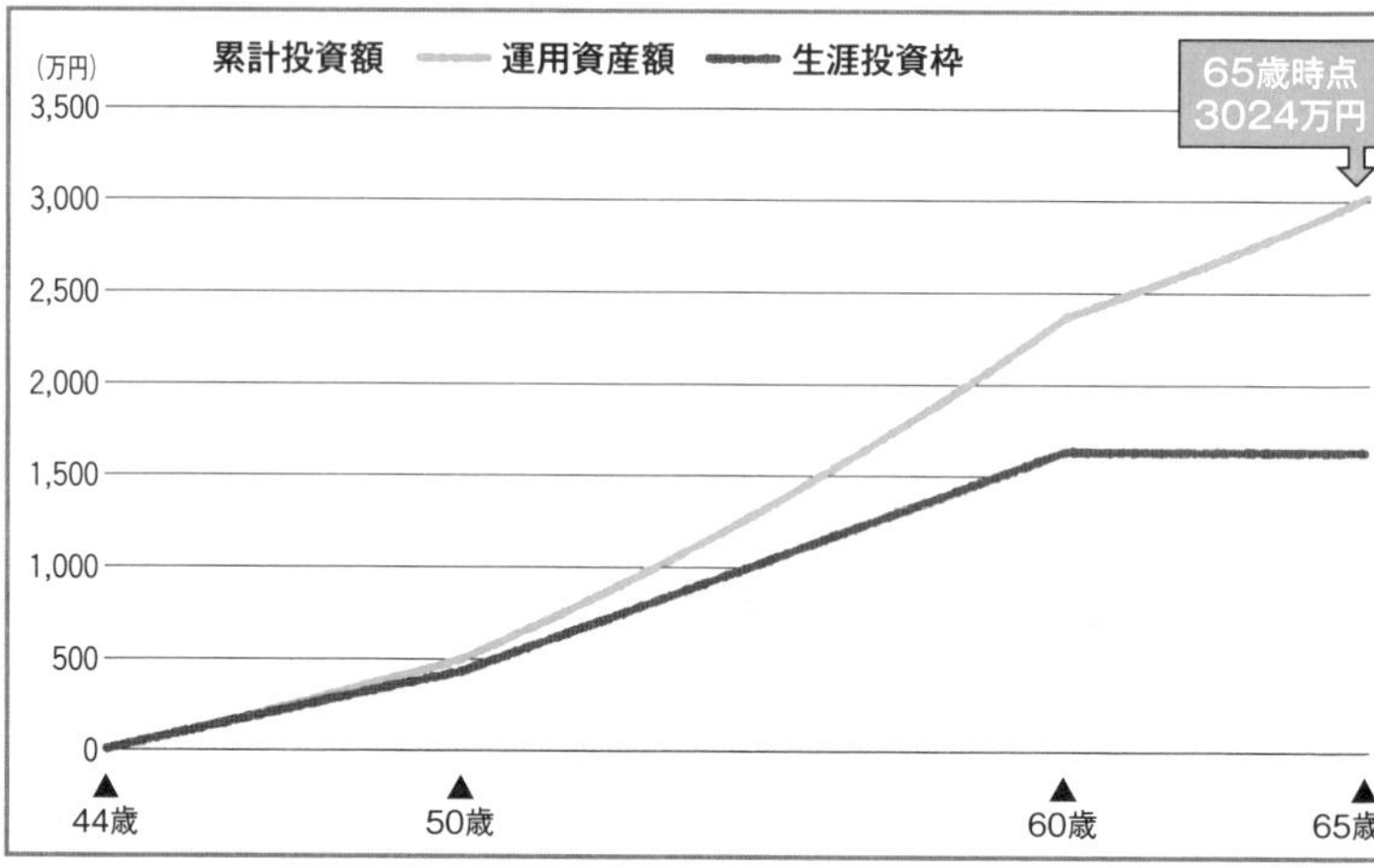


44歳から59歳までの累計投資額　1632万円／65歳時点での運用資産額3024万円／生涯投資枠（最大使用）　1632万円

**■積み立ては59歳で終了■**60歳時点の運用資産額は、約2300万円ですが、その後５年間運用を続けることで65歳時点では3000万円を超えそうです。60歳以降は新規の積み立てをしなくてもよいので、たくさん稼ぐ必要はなくなります。無理のないペースで働けるキャリアプランを計画してもよいかと思います。

**■こんなプランも■**もし44歳から49歳までの投資額をもう少し増やし、月10万円にした場合、60歳で約2900万円に到達します。より早く完全リタイアを目指すのであれば、前半に頑張るプランもおすすめです。

## ケース11 K辺さん（44歳・独身）の投資シミュレーション

**■背景■**老後資金が3000万円ぐらいできたら、仕事を辞めたい。生活は質素でいいので、しっかり投資していきたい。

**■投資プラン■**44歳から49歳までは月６万円、50歳から59歳までは月10万円をつみたて投資枠で積み立て。投資する商品は、64歳まで想定リターン（年率）５％程度のバランスファンドとします。

**■取り崩し予定■**予定ができたタイミングで取り崩します。

| 投資プラン | | | |
|---|---|---|---|
| 制度・年齢 | | 投資額（月） | 想定リターン（年率） |
| NISA | 44歳～49歳 | 6万円 | 5% |
| | 50歳～59歳 | 10万円 | 5% |
| | 60歳～64歳 | — | 5% |

| 取り崩す金額と目的 | | |
|---|---|---|
| 売却タイミング | 売却額 | 目的 |
| 必要に応じて | — | — |

ケース
12

47歳　既婚
L海さん

# 定年時に住宅ローンを繰上げ返済しつつ、老後資金も確保したい

夫婦で役割分担して投資を

### ●繰上げ返済後、月11万円ずつ取り崩せるプラン

ケース12は定年時に住宅ローンの繰上げ返済で５００万円を使いつつ、老後は月11万円ずつ取り崩しても、90歳まで資産を持たせられるプランをシミュレーションしてみました。仮にL海さん夫婦（夫婦ともに47歳）とします。子どもはいないため、投資額は多くしてもよいので、60歳で住宅ローンの繰上げ返済をし、老後に入る前に借金をなくしたい考えです。

47歳から投資をスタートすると、60歳になるまで13年ほどしかありませんが、試算では、夫婦で合わせて月11万円（夫6万円＋妻5万円）の積み立てができればクリアできそうです。60歳以降は月5万円（夫3万円＋妻2万円）の積み立てを継続し、65歳から取り崩しを開始します。

**●資産を大きく使っても、64歳まで投資を続ければ2300万円以上に**

年齢が高くなってからのスタートで、リスクをあまり取りたくないので、59歳までは想定リターン（年率）4％程度のバランスファンドとします。60歳時点で、資産は2200万円以上になっていますが、500万円を住宅ローンの繰上げ返済に使うことで、1700万円台まで減少します。しかし、その後月5万円ずつの積立投資を続けることによって、65歳時点で再び2300万円以上になる計算です。

**●繰上げ返済をせず、そのまま運用し続けると……**

住宅ローンについての考え方は人それぞれですが、現在住宅ローンの金利は低く、現時点では1％未満であるケースもあります。資産運用の想定リターンのほうがよければ、あえて繰上げせずに運用に回すという選択肢もあります。

仮に住宅ローンの繰上げ返済をせずにそのまま運用し続けた場合、65歳時点での運用資産額は約2900万円と大幅に増えます。資産運用と住宅ローンではリスクが異なり、返済によって利息の負担も減るため、単純に比較することはできませんが、資産状況によっては運用しながら住宅ローンを返していくという方向を検討してもよいかもしれません。

## 60歳で住宅ローンの繰上げ返済をしつつ、老後資金もつくりたい

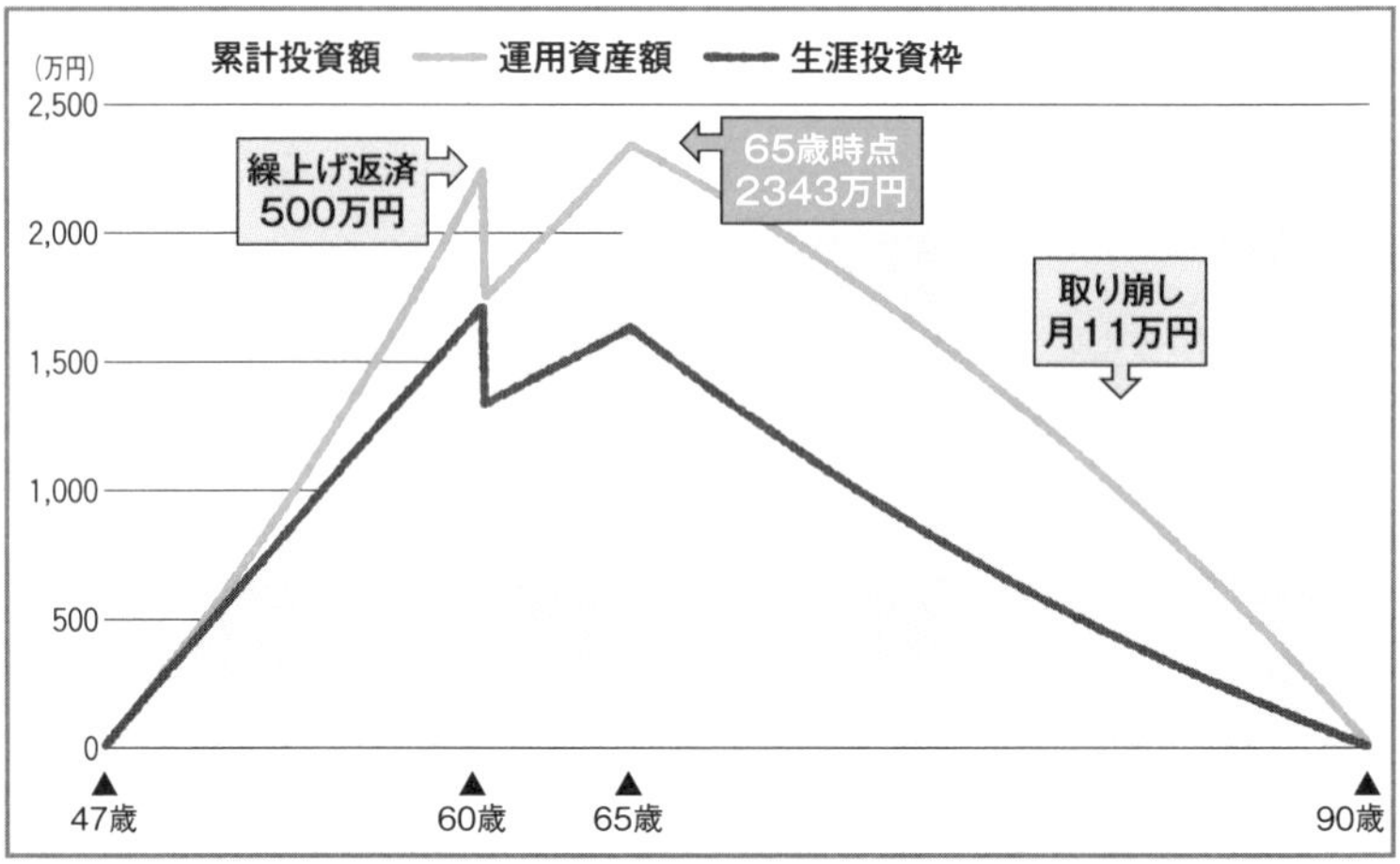


47歳から64歳までの累計投資額（夫婦）　2016万円／65歳時点での運用資産額　2343万円／生涯投資枠（夫婦合計最大使用）　1716万円

**■60歳で500万円使っても、89歳まで月11万円取り崩せる■**40代後半から定年までの期間を使って全力で投資したい場合などは、このケースのように投資額を多くすれば、想定リターン（年率）４％程度でも13年で2200万円以上に到達します。60歳の時点で繰上げ返済分の500万円を使ったとしても、積み立ててきた資産が約1700万円残っており、その後は投資額を減らしても、５年後には2300万円以上に回復する計算です。

**■こんなプランも■**途中で売却する額によって、その後の運用も変わってきます。仮に、60歳で売却しなかった場合、65歳時点での運用資産額は約2900万円になり、毎月の取り崩し額を13.5万円に増やすことが可能です。

## ケース12 L海さん（47歳・既婚）の投資シミュレーション

**■背景■**老後に入る前に住宅ローンを終わらせたい。65歳までは夫婦で働いて全力で投資したい。

**■投資プラン■**47歳から59歳まで夫婦で月11万円を積み立て、60歳から64歳までは、月５万円に減額します。投資する商品は、59歳までは想定リターン（年率）４％程度、60歳からは３％程度のバランスファンドとします。

**■取り崩し予定■**60歳時点で住宅ローンの繰上げ返済に500万円使う予定です。65歳以降は老後の生活費として運用を継続しながら月11万円を89歳まで取り崩します。

**投資プラン**

| 制度・年齢 | | 投資額（月） | 想定リターン（年率） |
|---|---|---|---|
| NISA | 47歳〜59歳 | 夫6万円＋妻5万円 | 4% |
| | 60歳〜64歳 | 夫3万円＋妻2万円 | 3% |
| | 65歳〜89歳 | — | 3% |

**取り崩す金額と目的**

| 売却タイミング | 売却額 | 目的 |
|---|---|---|
| 60歳 | 500万円 | 住宅ローンの繰上げ返済 |
| 65歳〜89歳 | 月11万円 | 老後の生活費 |
| 取り崩し総額 | 3800万円 | |

# 第4章

## ケース別
## 資産形成リアルシミュレーション
## 50〜60代編

4-1

# 50代、60代の投資パターンをシミュレーション

取り崩しも考えながら一生持たせる資産に

## 老後が近くなってきた世代の5プランを紹介

この章では、50代、60代の新NISAでの投資シミュレーションをご紹介します。50代、60代は、老後資金づくりもラストスパートです。教育費や住宅ローンの目処がついたら、家計を見直して収入からどのくらい投資に回せるか、再検討しましょう。

50代も60代も、ライフステージは人によって大きく異なります。50代で子どもが全員独立する人もいれば、下の子が大学を卒業するのが定年後という人もいるでしょう。住宅ローンがどのくらい残っているかによっても、家計の状況は変わってきます。各プランを参考に、投資額や投資する商品、積み立てる期間などの組み合わせ方を改めて考えてみましょう。

## 基本的に想定リターン（年率）3％程度の商品で運用

この世代のシミュレーションで投資する商品は、基本的には想定リターン（年率）3％程度のバランスファンド、もしくはポートフォリオとしました。**取り崩しが見えてきた世代にとって、何よりも避けたいのは相場が大きく下落して、そのまま長く回復してこないことにより、老後の生活設計が大きく変わってしまうことです。**せっかくつくった老後資金が減ってしまい、資産寿命が短くならないようにリスクを落とした運用が大切です。

**想定リターン（年率）3％程度のポートフォリオ例**

国内株式20％・外国株式10％・国内債券40％・外国債券30％（80ジペー参照）

## 取り崩しもシミュレーションする

**50代、60代は老後資金をつくるための運用だけでなく、使っていくための運用も考えていかなければいけない世代です。**毎月いくら取り崩すと、何年持つか、資産寿命の早見表も章末に用意しましたので、参照してください。

ケース
13

50歳　既婚
M瀬さん

# 50歳で貯蓄ゼロ。65歳までにしっかり老後資金をつくりたい

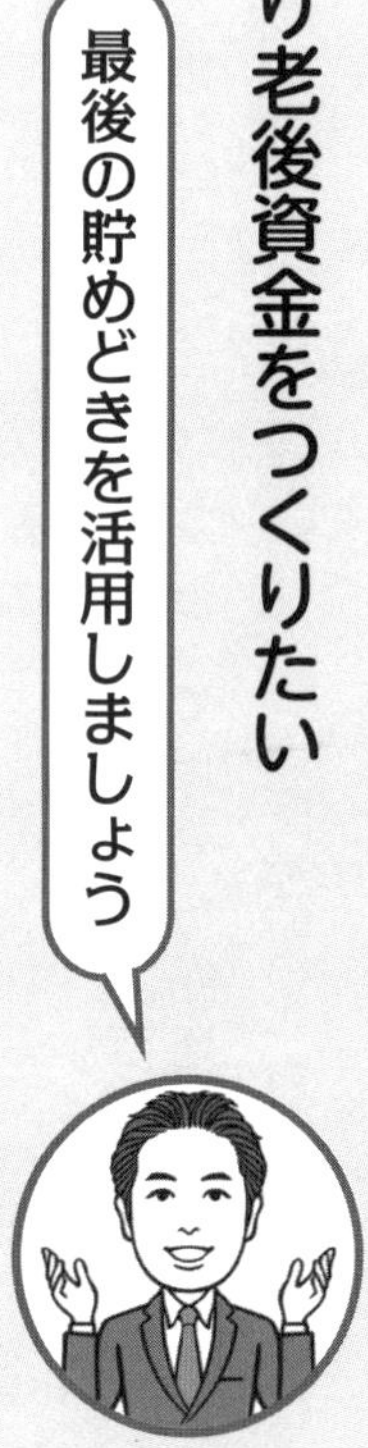


## ●教育費で資産を使い切っても50代なら老後資金は間に合う可能性が大

子どもが生まれたのが早く、50代前半で教育費の支出が終わる場合、その時点で貯蓄がほぼなくなっていても、老後資金づくりは十分間に合います。この年代は収入が増えている傾向にあり、その分投資に多く回せることと、60歳で完全にリタイアするのでなければ、投資できる期間もまだ10年以上は取れるためです。

このケースでは、50歳からの投資で老後資金をつくるプランをご紹介します。モデルはM瀬さんご夫婦（夫50歳、妻48歳・パート）。50歳から夫は月8万円、妻もパート代から月2万円でNISAでの積み立てを開始します。このペースを夫が59歳のときまで続けます。投資する商品は、想定リターン（年率）3％程度のバランスファンドです。

●退職金の一部を投資に上乗せ

60歳からは再雇用で働く予定で、夫の投資額は月1万円に減額します。退職金を1000万円受け取るものとし、このうち300万円を毎月の投資に1年間かけて分けて上乗せします。その後64歳になるまで、夫1万円、妻2万円の積み立てをキープすると、65歳時点の運用資産額は約2200万円になる計算です。積み立てた元本は1680万円なので、15年で約500万円増やせたことになります。退職金の残りの現金も合わせると老後資金は約2800万円となります。

●65歳から、月10万円ずつ取り崩し

夫が65歳になり、完全にリタイアしたら取り崩しを開始します。運用を続けながら、月10万円の取り崩しであれば、資産は95歳まで持ちます。

仮に、50歳から59歳までの積み立てを月5万円に減らした場合、65歳時点での資産額は退職金も含めて約2000万円です。運用を続けながら95歳まで資産を持たせる場合、毎月の取り崩しは6・5万円ほどになります。

どのくらい老後資金がほしいかにもよりますが、教育費終了後は最後の貯めどきであることを意識し、しっかり投資に回していくことが老後の安心をつくる秘訣といえるでしょう。

## 50歳でスタートしても、老後に月10万円使える資産がほしい

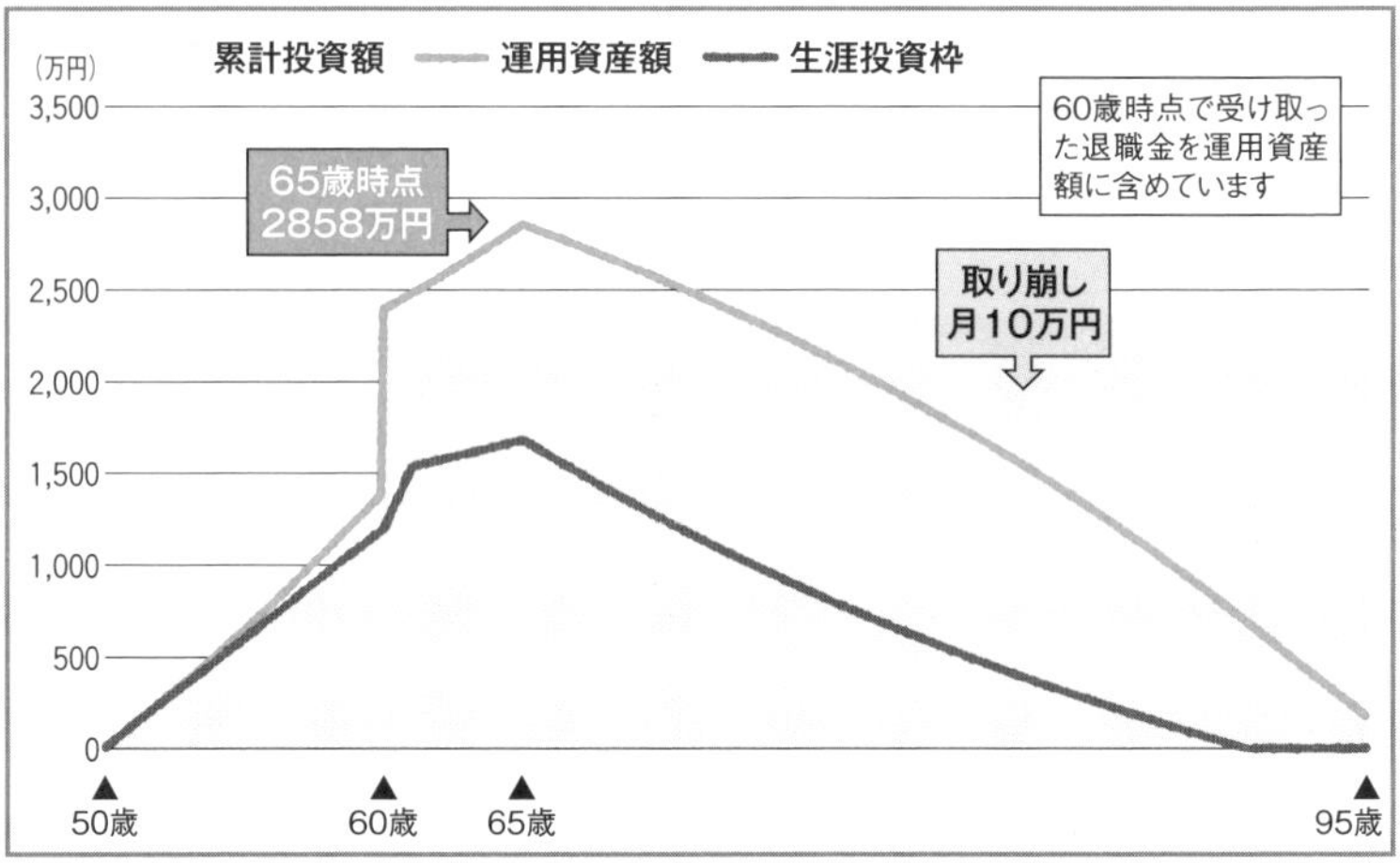


50歳から64歳までの累計投資額（夫婦）　1680万円／65歳時点での運用資産額　2858万円（現預金含む）／生涯投資枠（夫婦合計最大使用）　1680万円

**■リスクを抑えて、全力投資■**50歳から投資をスタートし、退職金の一部も投資するプランです。運用資産額に退職金（このケースの場合1000万円から投資に回した残りの現金部分）も含めていますが、65歳時点で3000万円近い資産をつくることができそうです。暴落しても回復するまで余裕を持って待っていられるように、退職金はすべて投資に回さず、現金を手元に残しておくことも検討しましょう。

**■こんなプランも■**毎月の取り崩し額を11万円に増やすと資産寿命は92歳まで、９万円に減らすと100歳以上となります。65歳以降にアルバイトなどによる収入があれば、取り崩し額を減らすことができ、資産寿命を延ばすことが可能になります。

## ケース13　M瀬さん（50歳・既婚）の投資シミュレーション

**■背景■**教育費で貯蓄はほぼゼロ。ここから夫婦で投資を始めたい。退職金1000万円のうち、300万円は投資に回せそう。60歳以降は再雇用で働く予定。

**■投資プラン■**50歳から59歳まで夫は月８万円、妻は月２万円を積み立て。60歳の１年間は夫の退職金の一部を上乗せし、２人で月28万円に増やします。夫は成長投資枠も使い、年間で312万円をNISAで投資する形です。その後、61歳からは夫は月１万円、妻は月２万円に減額。投資する商品は想定リターン（年率）３％程度のバランスファンドです。

**■取り崩し予定■**65歳から月10万円ずつ取り崩します。

投資プラン

| 制度・年齢 | | 投資額（月） | 想定リターン（年率） |
|---|---|---|---|
| NISA | 50歳～59歳 | 夫8万円＋妻2万円 | 3% |
| | 60歳 | 夫26万円＋妻2万円 | 3% |
| | 61歳～64歳 | 夫1万円＋妻2万円 | 3% |
| | 65歳～90歳 | ― | 3% |

取り崩す金額と目的

| 売却タイミング | 売却額 | 目的 |
|---|---|---|
| 65歳～94歳 | 月10万円 | 老後の生活費 |
| 取り崩し総額 | 3600万円 | ― |

※90歳でNISA口座の残高がゼロになった後は現預金から取り崩します。

ケース
14

55歳　既婚
N原さん

# 50代半ばで教育費も住宅ローンもあり。退職金なしで2000万円は確保したい

70歳になるまで積み立てを続けましょう

## ●50代後半、退職金がなくても老後資金をつくるプラン

定年まであと5年となったN原さん夫婦（夫・妻とも55歳、会社員）。収入はありますが、下の子が大学に入ったばかりで教育費が終わっておらず貯蓄が手薄です。退職金も住宅ローンの返済に充てたいので投資に回す余裕はないと考えています。このケースでは、こうした50代後半でまだ教育費がある家庭の投資プランを想定しました。また、実際に退職金がない場合もありますので、退職金は投資に使わないものとします。

## ●働く期間を後ろに延ばして投資期間を長くする

働いて収入がある間は投資を続けられますので、60歳以降もできるだけ長く働くことで、運用

資産を増やしていくことができます。55歳から59歳までは、夫は月収から月4万円とボーナスから年24万円（月2万円）、妻は月3万円を積み立てます。iDeCoにも、月1万円積み立てます。60歳から64歳になるまでは2人とも再雇用で働き、同じペース（NISA月9万円+iDeCo1万円）をキープします。再雇用では収入は減りますが、住宅ローンと教育費が終わっていれば、なんとか捻出できるのではないでしょうか。65歳以降は働く時間を少しずつ減らし、夫、妻ともNISAに月3万円ずつの積み立てを69歳まで続けます。投資する商品は、想定リターン（年率）3%程度のバランスファンドです。

## ●70歳以降、月9万円を取り崩しても95歳まで持つ

夫婦で投資した元本はNISA、iDeCoを合わせて総額1560万円で、70歳時点での運用資産額は約2000万円となります。ここから運用を続けながら月9万円ずつ取り崩しても、95歳までは持ちそうです。夫婦2人分の老齢基礎年金と老齢厚生年金があれば、かなりゆとりがあるのではないでしょうか。

70歳まで働くのが厳しければ、取り崩し額を月7・5万円に減らすかわりに68歳で引退し、新規の積み立てをやめて取り崩しを始めても大丈夫です。資産の運用状況と年金、気力や体力とも相談しながら調整していくとよいでしょう。

## 退職金なしで、月９万円ぐらい取り崩せる資産がほしい

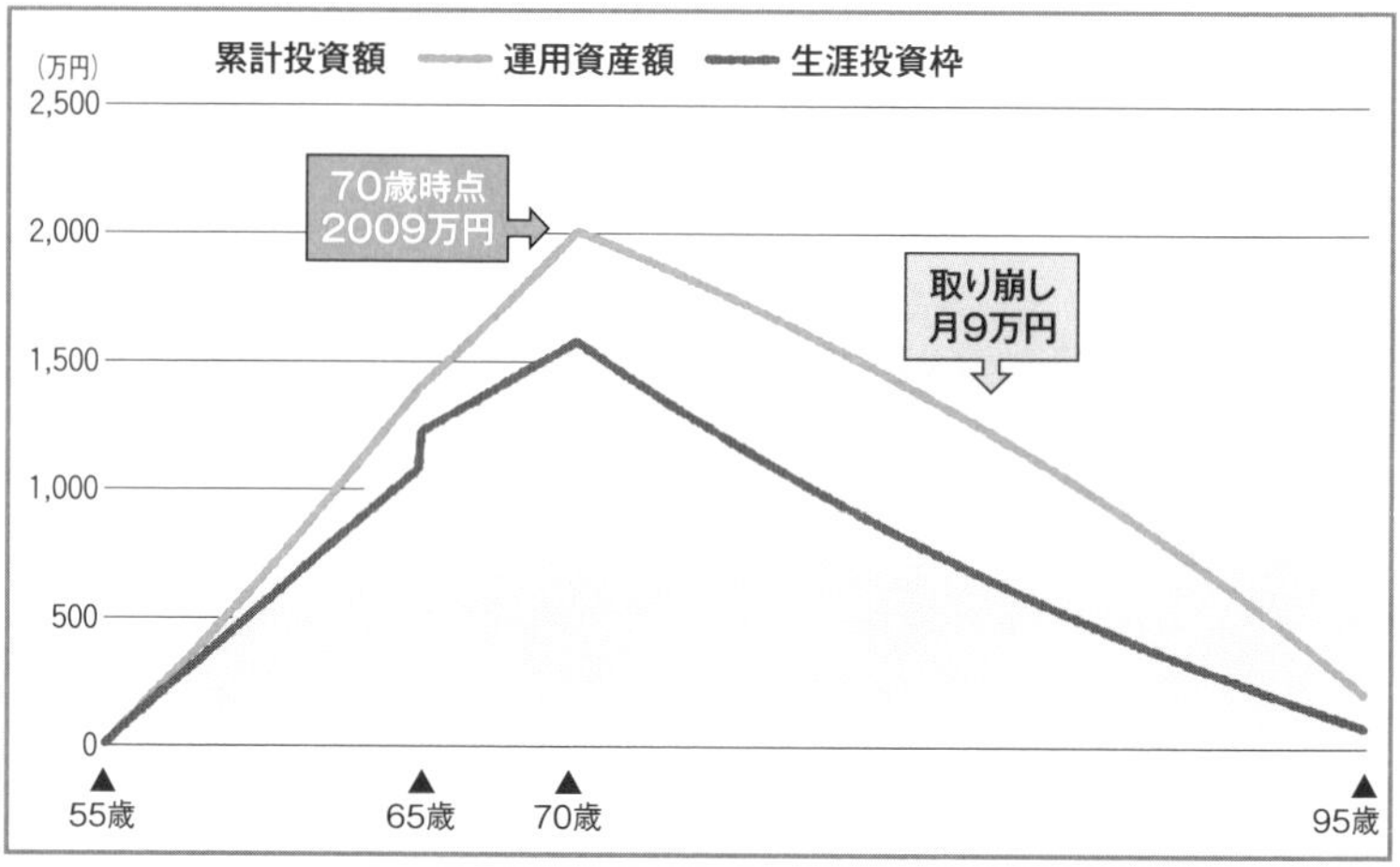


55歳から69歳までの累計投資額（夫婦）　1560万円（うちiDeCo　120万円）／70歳時点での運用資産額　2009万円／生涯投資枠（夫婦合計最大使用）1580万円（65歳でiDeCoの資産を新NISA口座への投資へ回す）

**■投資期間を後ろに延ばして老後資金をつくる■**55歳からの積立投資スタートでも、69歳まで働く計画を持ち、長く投資するプランにすれば、15年で2000万円到達は可能です。老齢厚生年金は在職老齢年金を気にする必要があるものの、老齢基礎年金と合わせて支給繰下げによって受給額を増やすことができますので、老後のゆとりを増やせそうです。

**■こんなプランも■**取り崩し額が月５万円でよい場合、55歳から64歳までは月５万円（＋iDeCo月1万円）、65歳以降は月２万円の積み立てで達成できます。

## ケース14 N原さん（55歳・既婚）の投資シミュレーション

**■背景■**50代半ばで子どもは大学生。教育費も住宅ローンもまだ残っており、退職金を老後の資産として見込むことは難しそう。

**■投資プラン■**55歳から64歳まで夫は月収から月４万円、ボーナスから月２万円、妻は月３万円の合計９万円を積み立て。65歳から69歳までは、夫は月３万円、妻は月３万円の合計月６万円を積み立て。iDeCoは55歳から夫のみ月１万円を積み立てます。投資する商品はすべて想定リターン（年率）３％程度のバランスファンドです。

**■取り崩し予定■**70歳から月９万円ずつ取り崩します。

**投資プラン**

| 制度・年齢 | | 投資額（月） | 想定リターン（年率） |
|---|---|---|---|
| NISA | 55歳～64歳 | 夫6万円＋妻3万円 | 3% |
| | 65歳～69歳 | 夫3万円＋妻3万円 | 3% |
| | 70歳～94歳 | — | 3% |
| iDeCo | 55歳～64歳 | 夫1万円 | 3% |

**取り崩す金額と目的**

| 売却タイミング | 売却額 | 目的 |
|---|---|---|
| 70歳～94歳 | 月９万円 | 老後の生活費 |
| 取り崩し総額 | 2700万円 | — |

ケース
15

60歳　独身
O町さん

# 60歳ひとり暮らし。すでに2000万円あるが、できるだけリスクを抑えてもう少し増やしたい

成長投資枠をうまく活用しましょう

## ●退職金をできるだけ長持ちさせ、老後のゆとりをつくるプラン

このケースは、コツコツ貯めてきた貯蓄と退職金などの現金資産を、少しでも長持ちさせるために資産運用を行うプランです。60歳のO町さん（女性）はひとり暮らしで、退職金を含め2000万円ほど資産があります。65歳から受け取る年金は月15万円ほどなので、資産から月7万円ほど毎月取り崩したいと考えています。

2000万円を現金のみとした場合、65歳から月7万円ずつ取り崩すと、23年と9か月、O町さんが88歳のときに資産が底を尽きます。ちょうど平均寿命くらいまでは持つ計算ですが、より長生きしたときのために、もう少し資産寿命を延ばす投資プランをシミュレーションしました。

O町さんは、60歳以降も働き、しばらくの間、退職金は生活費には使わない予定とします。

## ●資産から約1000万円を運用に回す

2000万円の資産のうち、半分の約1000万円は現金で残しておき、残りを想定リターン（年率）3％程度のバランスファンドで運用します。資産から月28万円と収入から月2万円、合わせて月30万円をつみたて投資枠と成長投資枠で積み立てると、新NISAの年間の投資枠360万円を使い切ります。60歳から62歳までの3年間このペースで続けると、手元資金のうち約1000万円をバランスファンドに移動できます。

その後は収入から月2万円を、同じバランスファンドに64歳まで積み立てます。65歳時点の運用資産は残した現金も含めると2241万円になります。ここから、運用をしながら月7万円ずつ取り崩すと95歳まで持ち、現金で置いておくよりも7年ほど資産寿命を延ばせる計算です。

## ●よりリスクを減らして運用しても

老後の生活費として使っていく段階になったら、運用は値下がりリスクを避けることが第一です。仮にこのケースで投資する商品の想定リターンを下げ、年率2％程度のバランスファンドで運用したとしても、月の取り崩し額は6・5万円と、そこまで大きく減りません。

## 年金が少ないのが不安。月７万円は取り崩したい

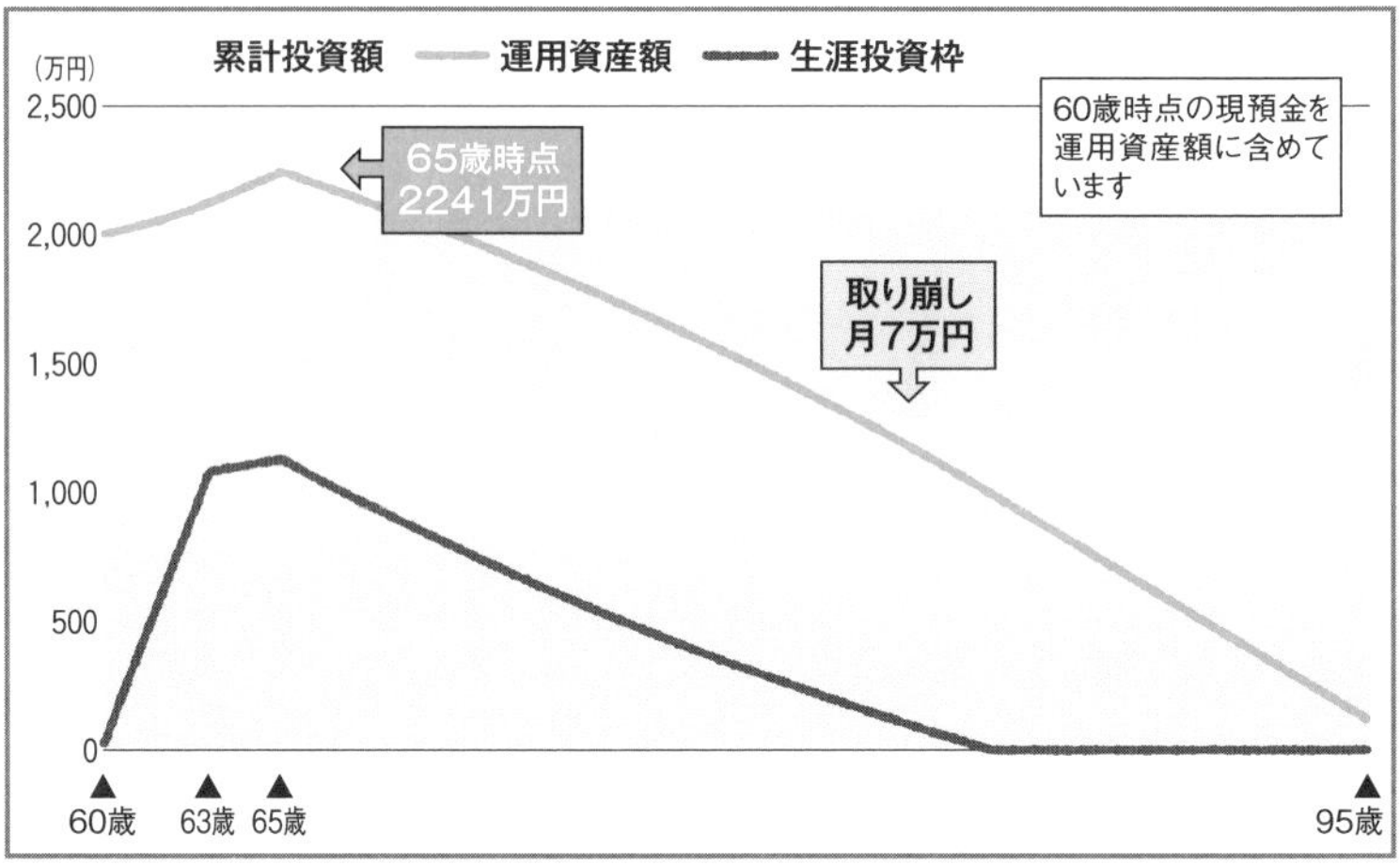


60歳から64歳までの累計投資額　1128万円／65歳時点での運用資産額2241万円（現預金含む）／生涯投資枠（最大使用）　1128万円

**■現預金から1000万円ほど投資に回して運用■**このケースでは、資産寿命を95歳まで延ばす目的で、現預金のうち1000万円ほどをリスクが低めのバランスファンドで運用します。つみたて投資枠と成長投資枠を併用して、年間360万円ずつを３年間かけてバランスファンドに移す手法です。運用を行わず預金だけで65歳から月７万円を取り崩すと、88歳で資産が枯渇するため、約７年延ばせたことになります。

**■こんなプランも■**リスクをより減らし、想定リターン（年率）２％程度で運用しても月6.5万円ずつ、95歳まで取り崩しが可能です。値下がりリスクを減らしたい場合、このようなプランでもよいでしょう。

## ケース15 O町さん（60歳・独身）の投資シミュレーション

**■背景■**60歳で現預金が2000万円ほどある。住宅ローンは完済しているが、年金が少ないのが不安。投資でゆとりを増やしたい。

**■投資プラン■**60歳から62歳までは月２万円、現預金から月28万円を積み立て。63歳から64歳までは月２万円のみ積み立て。投資する商品はすべて想定リターン（年率）３％程度のバランスファンドとします。

**■取り崩し予定■**65歳から月７万円ずつ取り崩します。

投資プラン

| 制度・年齢 | | 投資額（月） | 想定リターン（年率） |
|---|---|---|---|
| NISA | 60歳～62歳 | 30万円 | 3% |
| | 63歳～64歳 | 2万円 | 3% |
| | 65歳～84歳 | — | 3% |

取り崩す金額と目的

| 売却タイミング | 売却額 | 目的 |
|---|---|---|
| 65歳～94歳 | 月７万円 | 老後の生活費 |
| 取り崩し総額 | 2520万円 | — |

※84歳でNISA口座の残高がゼロになった後は現預金から取り崩します。

ケース
16

60歳　既婚
P尾さん

## 退職金を普通預金に置いておくのはもったいない。なるべく安全に100万円くらい増やせたら

退職金の一部をリスクの低いバランスファンドに

### ●退職金の一部でバランスファンドを買い、そのまま運用を続けるプラン

老後資金を増やそう、あるいは配当金を受け取ろうと退職金で慣れない株を買い、結果損失を出してしまうケースは少なくありません。そこでこのケースでは、退職金や資産の一部を使い、あまりリスクを取らずに増やすプランを設計してみました。

60歳のP尾さん夫婦は、老後の住宅のリフォームや旅行代を運用で捻出できたらと考えています。ですが投資に慣れていないため、リスクは取りたくありません。投資予定額も500万円までと決めました。このケースで、シミュレーションしてみます。

### ●退職金を2年間かけて成長投資枠で積み立て

退職金から月20万円ずつ、60歳から24か月かけて想定リターン（年率）3％程度ほどのバランスファンドを購入します。月20万円ですと、つみたて投資枠だけでは年間投資枠を超えてしまうので、成長投資枠も併用して使います。成長投資枠でも積立投資が可能です。こうして退職金の中から480万円をバランスファンドに投資します。お金の〝置き場所〟を、普通預金からバランスファンドに変えるイメージです。そのまま、69歳まで8年間運用を続けると、70歳時点では約630万円に増える計算です。約150万円の増加です。もちろん、70歳で使う必要がなければ、必ずしも売却する必要はありません。新NISAは一生涯使えますので、投資期間が長くなればその分資産の成長が期待され、非課税の恩恵も大きくなります。

●**積立額を変更した場合**

このケースと同じ投資期間、同じリスク、同じ運用期間で、積立額を変更した場合は、次のようになります。退職金などまとまった金額があり、あまりリスクを取らずに増やしたいときに、参考になれば幸いです。

**〈積立額〉**月10万円　**〈累計投資額〉**240万円　**〈70歳時点の運用資産〉**314万円
**〈積立額〉**月15万円　**〈累計投資額〉**360万円　**〈70歳時点の運用資産〉**470万円
**〈積立額〉**月30万円　**〈累計投資額〉**720万円　**〈70歳時点の運用資産〉**941万円

## 普通預金に置いておくのはもったいないが投資は苦手。無理せずにあと100万円ぐらい増えたら嬉しい

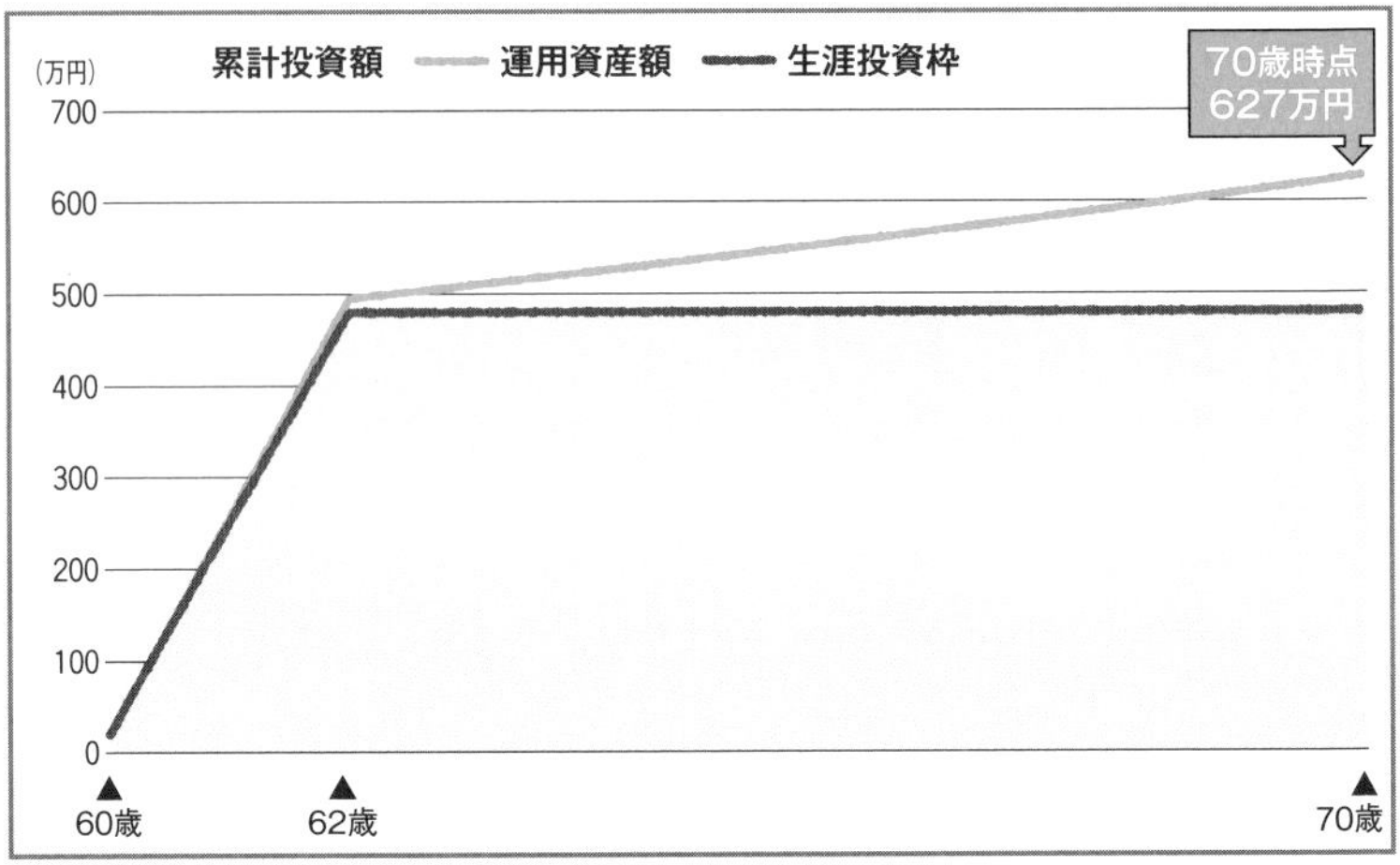


60歳から61歳までの累計投資額　480万円／70歳時点での運用資産額　627万円／生涯投資枠（最大使用）　480万円

**■退職金の一部をバランスファンドにして増やす■**退職金のうち、480万円をバランスファンドに移し、そのまま運用を続けることで資産を150万円ほど増やすプランです。つみたて投資枠では、年間の投資枠をオーバーするので、成長投資枠も併用して使います。バランスファンドであれば、組入資産の価格変動による組入比率のズレを定期的に戻してくれるなど、管理の手間もかからないので、投資初心者の方でも無理なく運用できるでしょう。

**■こんなプランも■**同じプランで積立額を月30万円にすると、累計投資額は720万円、70歳時点で941万円ほどになり、220万円ほど増やせる計算です。

## ケース16　P尾さん（60歳・既婚）の投資シミュレーション

**■背景■**退職金を使って、旅行や住宅のリフォーム用に、老後資金をあと100万円ほど増やしたい。

**■投資プラン■**60歳から61歳まで退職金から月20万円を想定リターン（年率）３％程度のバランスファンドなどに積み立て、その後８年間（69歳まで）運用を継続します。

**■取り崩し予定■**予定ができたタイミングで取り崩します。

投資プラン

| 制度・年齢 | | 投資額（月） | 想定リターン（年率） |
|---|---|---|---|
| NISA | 60歳～61歳 | 20万円 | 3% |
| | 62歳～69歳 | — | 3% |

取り崩す金額と目的

| 売却タイミング | 売却額 | 目的 |
|---|---|---|
| 必要に応じて | — | — |

ケース
# 17

65歳　既婚
Q林さん

## 自営業。できるだけ長く働いて、老後資金を少しでも手厚くしたい

5年積み立て、その後は運用して増やしましょう

### ●ラスト5年で積み立てし、5年運用して増やすプラン

自営業は定年がなく、長く働いて収入を得る計画を立てている人も多いと思います。現在65歳で、喫茶店を営むQ林さんもその１人です。このケースでは、収入がある最後の5年間だけ積み立てを頑張り、その後は運用を続けることで資産を増やすプランを考えてみました。

Q林さんは70歳で引退を考えています。そこで、65歳から69歳まで、月10万円をつみたて投資枠で投資し、想定リターン（年率）３％程度のバランスファンドを買います。すると、69歳までの投資元本は６００万円、70歳時点の運用資産額は６４７万円になる計算です。47万円の増加ですが、ここからさらに5年間、積立投資は行わず運用だけをすると、75歳時点では７５１万円と約１５０万円増やせます。

**●働く期間を1年延ばせば約200万円増える**

仮に、もう1年だけ引退を先に延ばし、70歳まで働いて積立投資を続け、75歳まで運用だけをすると、76歳時点の運用資産額は914万円となり、約190万円資産を増やせます。さらにもう1年、投資と運用を延ばせば、運用資産額は1083万円で、資産の増加は約240万円となります。自営業者でなくても、パートやアルバイトであれば、働く間は収入をつくれ、投資を続けることができます。老後資金を少しでも増やしたい場合、少額でも積み立てを続けられるように、50代、60代のうちから老後の働き方を考えておくことが大切です。

**●積立額を変更した場合**

65歳から69歳までの投資額を変更した場合、75歳時点の運用資産額は次のようになります。

**〈積立額〉**月5万円　**〈累計投資額〉**300万円　**〈75歳時点の運用資産〉**375万円
**〈積立額〉**月20万円　**〈累計投資額〉**1200万円　**〈75歳時点の運用資産〉**1501万円
**〈積立額〉**月30万円　**〈累計投資額〉**1800万円　**〈75歳時点の運用資産〉**2252万円

働く期間を延ばして投資期間を長くする、あるいは投資額を増やすことで、75歳以降の老後資金を手厚くすることができる可能性があります。

## 自営業で70歳まで働く予定。老後資金をもう少し増やしたい

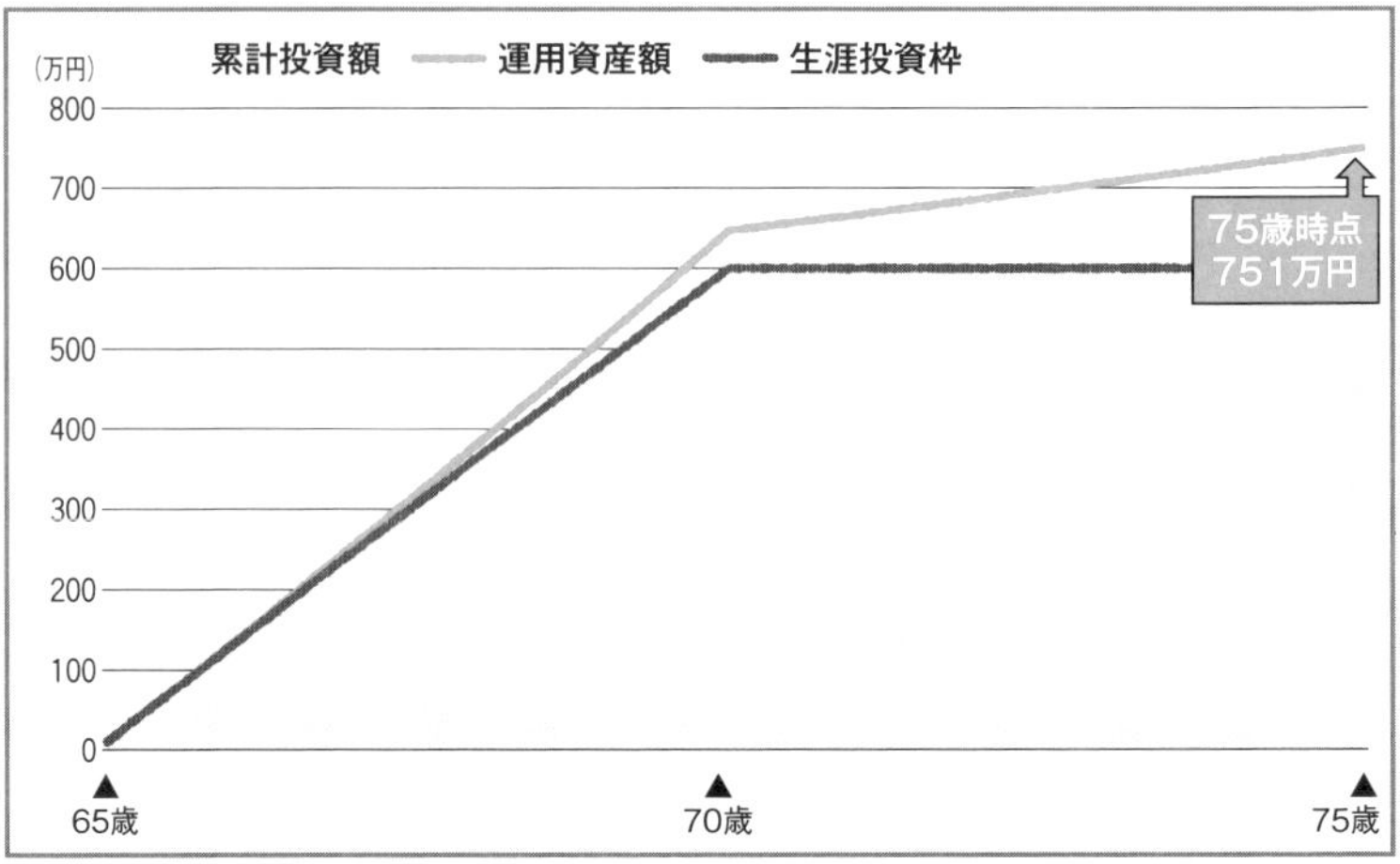


65歳から69歳までの累計投資額　600万円／75歳時点での運用資産額　751万円／生涯投資枠（最大使用）　600万円

**■後半の老後資金を運用で増やす■**積み立てをやめても、運用を続けていけば、資産は成長していきます。長く運用するほど、このケースのように成長する可能性が高まりますので、老後の生活資金には現金などその他資産を先に使い、運用資産はその後の老後資金として使うのも、選択肢の１つです。

**■こんなプランも■**同じプランで働く期間をもう１年延ばして投資を続け、75歳まで運用すると、運用資産額は914万円となります。仮にそのまま運用を続ける場合、80歳時点の運用資産額は約1030万円まで成長します。

## ケース17　Q林さん（65歳・既婚）の投資シミュレーション

■**背景**■自営業で、年金が少ないため、夫婦で70歳になるまでは働くつもり。収入から積み立てしてできるだけ老後資金をつくりたい。

■**投資プラン**■65歳から69歳まで収入から月10万円を想定リターン（年率）３％程度のバランスファンドなどで積み立て。その後、74歳まで運用を続けます。

■**取り崩し予定**■使う予定ができたタイミングで取り崩します。

**投資プラン**

| 制度・年齢 | | 投資額（月） | 想定リターン（年率） |
|---|---|---|---|
| NISA | 65歳〜69歳 | 10万円 | 3% |
| | 70歳〜74歳 | — | 3% |

**取り崩す金額と目的**

| 売却タイミング | 売却額 | 目的 |
|---|---|---|
| 必要に応じて | — | — |

コラム

# 投資で○○万円つくるには？　いろいろ早見表

ここまでに年代別、ケース別の投資シミュレーションをご紹介してきましたが、「もう少しリスクを取ったらどうなる？」「自分の年齢からスタートした場合、毎月いくら積み立てればよい？」など、〝オプションコース〟が気になった方も多いかと思います。そこでここでは、投資プランの参考になるよう、いくつかの事項について早見表を157ページにまとめました。用意したのは、「スタート年齢別・65歳で3000万円プラン」「積立額別・1000万円プラン」「取り崩し額別・2000万円の資産寿命」の3つです。

なお、アセットマネジメントOneのホームページにある「資産運用かんたんシミュレーション」も使いやすいとの評判をいただいております。ご自身でより細かくプランを立ててみたい方は、ぜひご活用ください。

## ■老後資金を3000万円つくるには？

まずは老後資金として65歳の時点で3000万円をつくるためには、「毎月いくら」の積み立てを行えばよいか、スタート年齢別、および投資商品（想定リターン）別にご紹介します（157ページ上の図表を参照）。比較に使用する想定リターン（年率）は、1、3、5、7％程度とします。

想定リターンは商品によって大きく変わりますが、おおよその目安として次のような資産に投資する投資信託が該当すると思われます。

1％程度＝バランス型（債券中心の保守型）
3％程度＝バランス型（株式30％・債券70％程度）
5％程度＝バランス型（株式60％、債券40％程度）または国内株式のインデックスファンド
7％程度＝先進国株式のインデックスファンド

※当ポートフォリオはあくまでも一例であり、投資家の皆さまにイメージしてもらうことを目的としています。また、長期的なリターンを想定しておりますが、投資成果を保証するものではありません。

---

157ページ上の図表は、投資スタート年齢と、投資する商品の想定リターンで、毎月いくら積み立てると65歳で3000万円を達成できるかを示すものです。

当然、早く積み立てを始めるほど毎月の積立額は少なくてすみます。老後までの年数が少なくなるほど、積立額を増やすか、リスクを取って想定リターンの高い商品で運用していく必要があります。しかし、50歳からでも月11・2万円を年率5％程度の想定リターンで運用すれば、65歳

で3000万円に到達が可能です。

## ■1000万円の資産をつくるには？

資産形成のスピードは、投資額と想定リターンによって変わります。1000万円を貯めるのに月1万円ずつ、現金で積み立てると84年かかります。これを、想定リターン（年率）3％程度で運用できると42年、5％程度であれば33年に短縮することができます（次ページ真ん中の図表を参照）。

## ■毎月いくら取り崩せる？

資産寿命の長さは、取り崩す金額と運用する商品の想定リターンによって変わってきます。ここでは、2000万円の資産を月10万円、月15万円、月20万円を取り崩した場合の資産寿命を想定リターン別に一覧にしました（次ページ下の図表を参照）。リスクを上げればそれだけ資産寿命は延びますが、相場の影響も受けやすくなるので、場合によっては早く資産が枯渇してしまう可能性もあります。老後資金であればリスクはあまり取らず、想定リターン（年率）3％程度での運用が望ましいのではないかと思われます。

※次ページの試算は簡便式で計算しているため正確性を保証するものではありません。

## スタート年齢別・65歳で3000万円プラン　早見表（単位：万円／月）

| | | 想定リターン（年率）程度 | | | |
|---|---|---|---|---|---|
| | | 1% | 3% | 5% | 7% |
| | | バランスファンド（保守型／債券中心） | バランスファンド（安定成長型／株式30%・債券70%程度） | バランスファンド（積極型／株式60%・債券40%程度）または国内株式のインデックスファンド | 先進国株式のインデックスファンド |
| 年齢（歳） | 20 | 4.4 | 2.6 | 1.5 | 0.8 |
| | 30 | 6.0 | 4.0 | 2.6 | 1.7 |
| | 40 | 8.8 | 6.7 | 5.0 | 3.7 |
| | 50 | 15.5 | 13.2 | 11.2 | 9.5 |

※小数点以下２桁を四捨五入

## 積立額別・1000万円プラン　早見表（単位：年）

| | | 想定リターン（年率）程度 | | | | | |
|---|---|---|---|---|---|---|---|
| | | 0% | 1% | 2% | 3% | 4% | 5% |
| 積立額（月） | 1万円 | 84 | 61 | 50 | 42 | 37 | 33 |
| | 2万円 | 42 | 35 | 31 | 28 | 25 | 23 |
| | 3万円 | 28 | 25 | 23 | 21 | 19 | 18 |

※小数点以下１桁を切り上げ

## 取り崩し額別・2000万円の資産寿命　早見表

| | | 想定リターン（年率）程度 | | | | | |
|---|---|---|---|---|---|---|---|
| | | 0% | 1% | 2% | 3% | 4% | 5% |
| 取り崩し額（月） | 10万円 | 16年7か月 | 18年2か月 | 20年2か月 | 22年11か月 | 27年1か月 | 34年6か月 |
| | 15万円 | 11年1か月 | 11年9か月 | 12年6か月 | 13年5か月 | 14年7か月 | 16年0か月 |
| | 20万円 | 8年3か月 | 8年8か月 | 9年1か月 | 9年6か月 | 10年1か月 | 10年8か月 |

※残金が０円以下となる月は含めない

# 第5章

# 「中の人」が教える<br>投資信託の選び方

# 5-1 投資信託ってそもそもどんなもの？

## そもそも投資信託とは？

本書は、新NISAで行う投資を、投資信託に絞る形でご紹介してきました。しかし、新NISAで初めて投資を行う人にとっては、投資信託がどういうものなのか、詳しくはわからないという方も多いと思います。投資信託は種類も多く、名前もなじみがないかもしれません。実際、投資信託を買おうと思ったけれど、選べなかったという声も少なくないのです。

そこで、ここで改めて、そもそも投資信託とはどんな金融商品か、なぜ新NISAでの投資にマッチしているのかについて説明していきたいと思います。

つみたてNISAや一般NISAで、すでに投資信託については十分理解されている方も多いと思いますが、投資信託をつくる会社の「中の人」から見た、投資信託の選び方や実力の見極め方などもご紹介していきますので、お付き合いいただければ幸いです。

## 投資信託は「お弁当」のようなもの

投資信託はよく、セットメニューやお弁当にたとえられます。いろいろなおかずとご飯がセットになったお弁当のように、**投資信託もいろいろな資産がセットになって売られているパッケージ商品です。**のり弁、シャケ弁、幕の内弁当など、商品によって弁当のおかずが変わるように、投資信託も資産の組み合わせはさまざまです。たとえば株式100％のパッケージであっても、国内の株式だけ集めたものから世界中の株式が丸ごと入った商品、新興国の株式だけを集めたものなど、商品ごとに中身が変わります。

投資信託を買うと、そのお金はその投資信託の運用に回ります。その運用を担当するのが**「ファンドマネジャー」**です。ファンドマネジャーが所属し、投資信託の管理を日夜行っているのが、我々のような資産運用会社というわけです。

## 投資信託のカテゴリーは大きく分けると4種類

本書でも記載してきましたが、投資信託はファンドともいいます。ファンドのカテゴリーは、大きく分けて**「株式」「債券」「REIT」「バランス」**の4つ。それ以外に原油などのコモディティ（資源）に投資するものもありますが、主には4種類と思っていただいてよいでしょう。

ただし、先ほども申し上げた通り、株式型の中でも「国内株式」「先進国株式」「新興国株式」あるいは「海外の中小型株式」など、実際の種類は細かく分かれます。電気自動車の関連株や、ESG関連株などテーマを絞ったファンドもあります。

また、もう1つの分類方法として、**「インデックスファンド」**と**「アクティブファンド」**があります。インデックスファンドは、第1章でもご説明しましたが、日経平均株価（日経225）やニューヨークダウといった株価指数（インデックス）との連動を目指す投資信託です。一方でアクティブファンドは、一般的に指数以上の成果を目指すファンドです。

種類も多く、選ぶのは迷うと思いますが、最初に申し上げた通り、**どのファンドがよいかは自分が何に投資したいかで決まります。**のちほど、投資信託の選び方のポイントについては詳しく解説しますが、どんな場合であれ、何に投資したいのかを念頭に置いたうえで、商品を見ていくことがとても大切です。

投資信託にかかる主な手数料

| 購入時 | 保有中 | 売却時 |
| --- | --- | --- |
| 購入時手数料 | 運用管理費用（信託報酬） | 信託財産留保額 |

## 投資信託にかかる手数料

投資信託はプロが個人投資家に代わって運用するため、手数料がかかります。第1章でも解説しましたが、主に「**購入時手数料（購入時にかかるコスト）**」、「**運用管理費用（信託報酬・保有中にかかるコスト）**」「**信託財産留保額（売却時にかかるコスト）**」です。

新NISAのつみたて投資枠でファンドを購入すれば、購入時手数料はすべて無料です。成長投資枠でもつみたて投資枠と同じ商品であれば、購入時手数料がかからない場合が多いです。

信託報酬は、どのファンドであっても保有している間は毎日、ファンドの運用資産から少しずつ引かれます。これは、我々のような運用会社や、投資信託を販売している金融機関、運用財産の保管・管理などを行う信託銀行がいただく手数料です。信託報酬は、ファンドから引かれるので、保有している人が「払っている」感覚はありませんが、信託報酬が高いとそれだけファンドから資産が減ることになりますので、パフォーマンスに影響してきます。

信託報酬は一般的に、インデックスファンドが安く、アクティブファンドが高いといわれます。ただし、「安さ」にこだわりすぎてしまうと、「何に投資したいのか」という投資の目的からずれてしまいますので、その点は注意してほしいと思います。

また、信託財産留保額については、手数料とは少し異なります。投資信託の場合、多くの投資家がお金を出し合って投資していることになりますので、ある投資家が売却したときに、投資信託が保有している株式等を実際に売却して現金化しなければなりません。その現金化をするときに売却コストが高いとファンドの負担額が大きくなってしまうため、その部分を穴埋めするイメージです。ただ、新興国の資産のように流動性が乏しい投資対象でなければ、基本的に信託財産留保額はゼロに設定されています。

## 投資する内容やコストはすべて「交付目論見書」に記載

投資する銘柄や、ベンチマークとする指数、手数料などについてはすべて、その投資信託の説明書である「**交付目論見書**《もくろみしょ》」に書かれています。購入時手数料については上限が記載されていますので、その範囲内で販売する金融機関が独自に決めています。交付目論見書の購入手数料（上限）がゼロに設定されているファンドを一般に「**ノーロード・ファンド**」と呼びます。

コラム

## 世界最大級の投資家は、日本にいる!?

株式市場には、個人投資家以外の投資家も参加しています。実は日本の主な株式市場における個人投資家の株式保有比率は17・6％（2022年度）に過ぎず、多くは「**機関投資家**」と呼ばれる金融機関や事業法人、外国法人等が占めています。

機関投資家とは、我々のような運用会社も含め、銀行や保険会社など、何億、何十億円という規模で売買している投資家を指します。

機関投資家の最大手は**GPIF**（Government Pension Investment Fund、年金積立金管理運用独立行政法人）で、私たちの年金を運用している機関です。その投資額は約220兆円（2023年6月末時点）と、実は世界最大級。この220兆円を複数の運用会社が預かり、GPIFの指示にしたがって運用しているのです。アセットマネジメントOneでも、その一部の運用を委託されています。

ニュースなどで「年金運用で1兆円のマイナスを出した」などと報道されると、あたかもGPIFが運用に失敗したかのように感じますが、分母が大きいため、パーセンテージに直すと実はごくわずかなマイナスだったりするケースもあります。

運用がうまくいっている際はGPIFの名前はあまり耳にしないのですが、運用自体はとても順調で、年金積立金の運用を開始した2001年度以降、22年間の累積収益額は100兆円以上（2023年6月末時点）という、大きな利益が出ています。

# 5-2 新NISAの投資に投資信託がおすすめの理由

初心者には超有力な金融商品です

## 家計に無理することなく、資産形成しやすい金融商品

前項でご紹介した通り、投資信託は複数の銘柄や資産が入ったパッケージ商品です。中には、数百から数千の銘柄が入ったファンドもあります。投資で安定的なリターンを目指すなら、「**卵を1つのカゴに盛るな**」という格言があるように、1つの資産にだけ投資するのではなく、いくつかの資産に分け、リスクを分散するのがセオリーです。たとえば株式投資で1つの銘柄だけに投資していたら、自分の資産はその銘柄と一蓮托生です。その銘柄が下がると自分の資産もダイレクトに下がってしまいますが、複数の銘柄に分けておけば、1つの銘柄が下がってもほかの銘柄が上がればリスクを軽減できます。これを、「**分散投資**」といいます。

### 長期・積立・分散を意識しよう

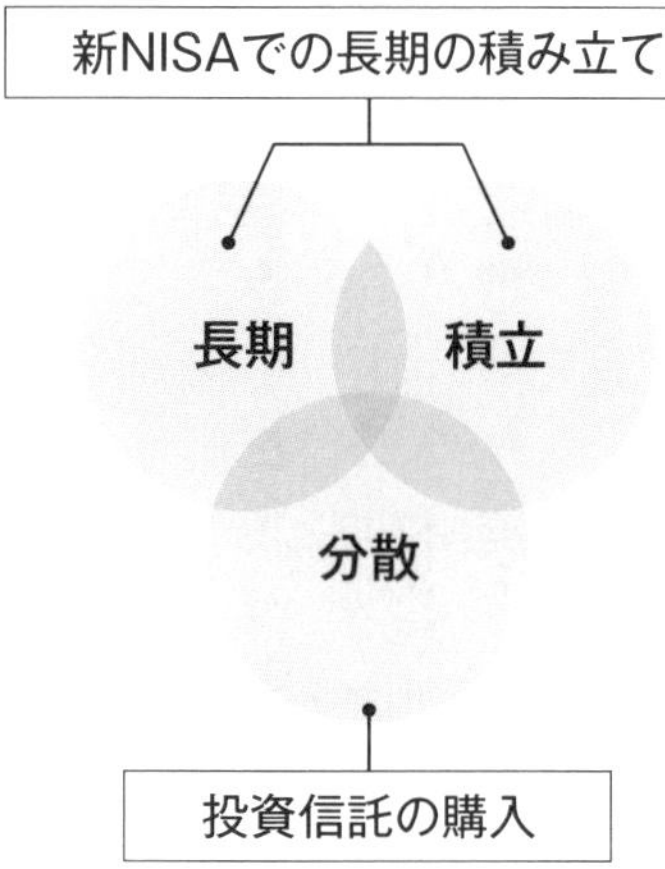


複数の資産や銘柄に投資する投資信託は、この分散投資を1つの商品で完結できます。金融庁は、初心者でも資産形成しやすい投資方法として、「長期」「積立」「分散」を推奨していますが、投資信託であれば、分散はすでにできているので、コツコツと積み立てで長く買うだけで、「長期」「積立」「分散」を簡単に実践できます。

新NISAでどんな投資をすればよいかまったくわからない、投資のスキルはゼロという方でも、投資信託を積み立てで買う手法ならば難しくなく、誰でも資産形成を始められるのです。

## 少額から投資できる

手軽に買える点も投資信託のメリットとして大きいでしょう。仮に、株式投資をする場合、1銘柄につき100株、1000株単位の売買なので、株価が1000円の場合は10万円、あるいは100万円の資金が必要になります。数百銘柄の株式を買うなど、まず不可能です。

しかし、**投資信託であれば、数百銘柄、数千銘柄の入った商品を、金融機関によっては100円から買えます。**これは、投資信託であるからこそ可能なことです。しかも、1万円分だけ買った人も、1000万円分買った人も、同じ運用ができます。ファンドが10％成長すれば、1万円分だけ持っている人も、1000万円分持っている人も、同じ10％上昇分の利益を享受できるのです。

なお、投資信託の値段にあたるものを「**基準価額**」といい、多くは1万口あたりで表示されます。基準価額は毎営業日更新されます。

## 個人では投資できないものにも投資できる

投資環境が整い、海外の株式もかなり自由に投資できる時代になりましたが、個人では投資できないものもまだ多くあります。たとえば、新興国の株式です。新興国は資金移動が自由にできない国がたくさんあり、たとえば中国や台湾、ベトナムやインドなどの株式は、どんな銘柄でも自由に売買できるわけではありません。しかし、投資信託であれば、新興国の株式が組み込まれたファンドを買えば、そうした国の株式に投資することができます。

**世界中の資産の中から、自分が買いたいものを選んで運用ができるのも、投資信託のメリットでしょう。**

## ファンドマネジャーが足で稼いだ情報を享受できる

投資信託はプロが運用するものです。ではそのプロはどうやって組み入れる銘柄や資産を選択しているのかというと、実は自らが足を使って1社1社ていねいに情報を集めているケースも多いのです。企業の決算説明会などは一般の投資家でも見ることができますが、ファンドマネジャーは個別にアポイントを取り、経営者に直接話を聞きに行ったりします。

企業が上場するとき、最初の株価ともいえる「**公募価格**」を決めます。このとき「**ロードショー**」といって、企業経営者が機関投資家を訪問し、機関投資家がその企業をどのように評価しているのか、ファンドマネジャーが意見を求められたりします。

つまり、そのくらいファンドマネジャーは企業についての情報を集めて分析を行っているということです。こうしたプロに運用を任せられるのも、投資信託のメリットではないでしょうか。

# 5-3 投資信託の選び方は2ステップ

## 細かい部分はさておき、大事なのは2つ

「投資を始めるなら株式のインデックスファンドから」という意見も多く、実際、つみたてNISAや一般NISAで全世界株式や米国株式のインデックスファンドを購入している人も多いです。確かに若い世代の投資スタートには全世界株式型のインデックスファンドがマッチしていると思います。しかし一方で、こうした「始めるならインデックスファンド一択」という捉えられ方は、少し誤解があるように感じます。

とかく、投資信託を選ぶ際は、インデックスかアクティブか、あるいは全世界株式型かバランス型かなどと分類から入ってしまいがちですが、商品選びで大切なのは実はそこではありません。最も考えないといけないのは、ご紹介したケーススタディのように目的を踏まえたうえで、「**自分は何に投資したいのか**」そして「**どのくらいリスクを取れるか**」です。この2ステップを踏ん

でからファンド選びに入ると、ぐっと判断しやすくなるはずです。
それぞれのステップのポイントについて見ていきましょう。

## ステップ1　何に投資するのか

投資には、いろいろあります。株式や債券ではなく、不動産のオーナーになって家賃収入を得たいと考える人もいるでしょう。そうした人にとって、ＲＥＩＴ（不動産投資信託）は有力な選択肢となります。ＲＥＩＴの投資先は実物不動産です。オフィスビルやホテル、マンション、物流倉庫などに投資し、その家賃や不動産を売却した利益が分配されるので、ＲＥＩＴを買えば実質的に不動産投資ができます。

これがもし、最初からインデックスかアクティブか、株式型かバランス型かで考えてしまっていたら、ＲＥＩＴは選択肢にすら入らなくなってしまいます。

また、アクティブファンドよりインデックスファンドのほうが、なんとなくリスクが低く、コストも安くてよいイメージを持つ方も多いです。しかし、コストが極端に安いのは、全世界株式型や米国株式型など、一部のものに限られます。

リスクについても、現在、多くの人が投資している全世界株式や米国株式のインデックスファンドは、実はファンドの中ではかなりリスクが高い部類に入ります。たしかに、全世界株式なら、世界に分散投資しているからリスクを軽減できるとはいえますが、それはあくまでも株式の中での話。一歩外に出て、ほかの資産まで考えると、実はいまの自分にとってベストな選択ではない可能性も十分あるのです。**「インデックスだからよい」と決めつけるのではなく、フラットな目線で本質的な部分を見つめてほしいと思います。**

これから何十年と積立投資をしていこうと考える方で、特定の国や地域などに投資したいのでなければ、全世界株式型やバランス型のファンドから始めても、もちろんかまいません。そのうえで、自分が気になる投資先ができたら、付け加えて投資してみることをおすすめします。

「全世界株式を買っているけれど、もう少しインドの投資比率を上げてみたい」「不動産にも興味があるから、REITも買ってみたい」など、気になる資産ができたら、ファンドを探してみて少額で投資してみるのもよい方法です。実際に投資してみることで、経験やスキルが上がるだけでなく、投資そのものを楽しみながら継続できるようになると思います。

## ステップ2　どれくらいのリスクを取れるのか

元本保証のない投資にはリスクがつきものです。そして、損失が出てもすべて自己責任となります。だからこそ、商品を選ぶ前に「自分はどのくらいリスクを取れるのか」をきちんと整理しておきましょう。

自分が取れるリスクを**「リスク許容度」**といいますが、リスク許容度には、「これ以上、下がったら耐えられない」という下げ幅の深さに対する自分の**「主観的な許容度」**と、年齢や投資額などから見た**「客観的な許容度」**の2種類があります。主観的なリスク許容度は、後ほど改めてご説明します（188ページ参照）ので、ここでは客観的なリスク許容度について、先に解説します。

**客観的なリスク許容度は「年齢」「収入」「金融資産」「投資知識」「投資手法」である程度整理できます。**リスク許容度が高い（リスクをより取れる）のは、たとえば次のような人です。

● **投資できる期間が長い。年齢が若い**

↓長期で運用できるため、途中のマイナスがあっても利益が出るまで待てる時間的余裕がある。

●**定期的な収入がある。収入が多い**

↓一時的に損失が出ても、収入でカバーできる。

●**金融資産に余裕がある**

↓一時的な損失が出ても、金融資産全体で見ると大きな影響はない。

●**投資に慣れている**

↓短期的に値下がりしても、慌てて売らずに値上がりしてくるまで待つことができる。

●**積立投資をしている**

↓値下がりすれば、同じ金額でもたくさん買えるので、平均購入価格を下げられる。

頭では、「もう少しリスクをとってもよい。途中で資産が半分くらいまで下がってもかまわない」と考えていたとしても、客観的にみると、もう少しリスクを下げたほうがよい場合もあります。「主観」と「客観」、両方の視点から、自分のリスク許容度を推し測るようにしましょう。

## リスク許容度を測るツールを活用

自分の客観的なリスク許容度を知るのに、便利なツールがあります。**「ロボアド」**です。ロボアドとは、ロボットアドバイザーの略で、金融工学や最新のテクノロジーを活用して、投資家のリスク許容度を計算し、資産配分などの運用サポートを行うサービスです。

ロボアドを使う際は、最初にいくつかの質問に答えます。この質問によって、その人のリスク

**アセットマネジメントOne「キャプテンワン」**

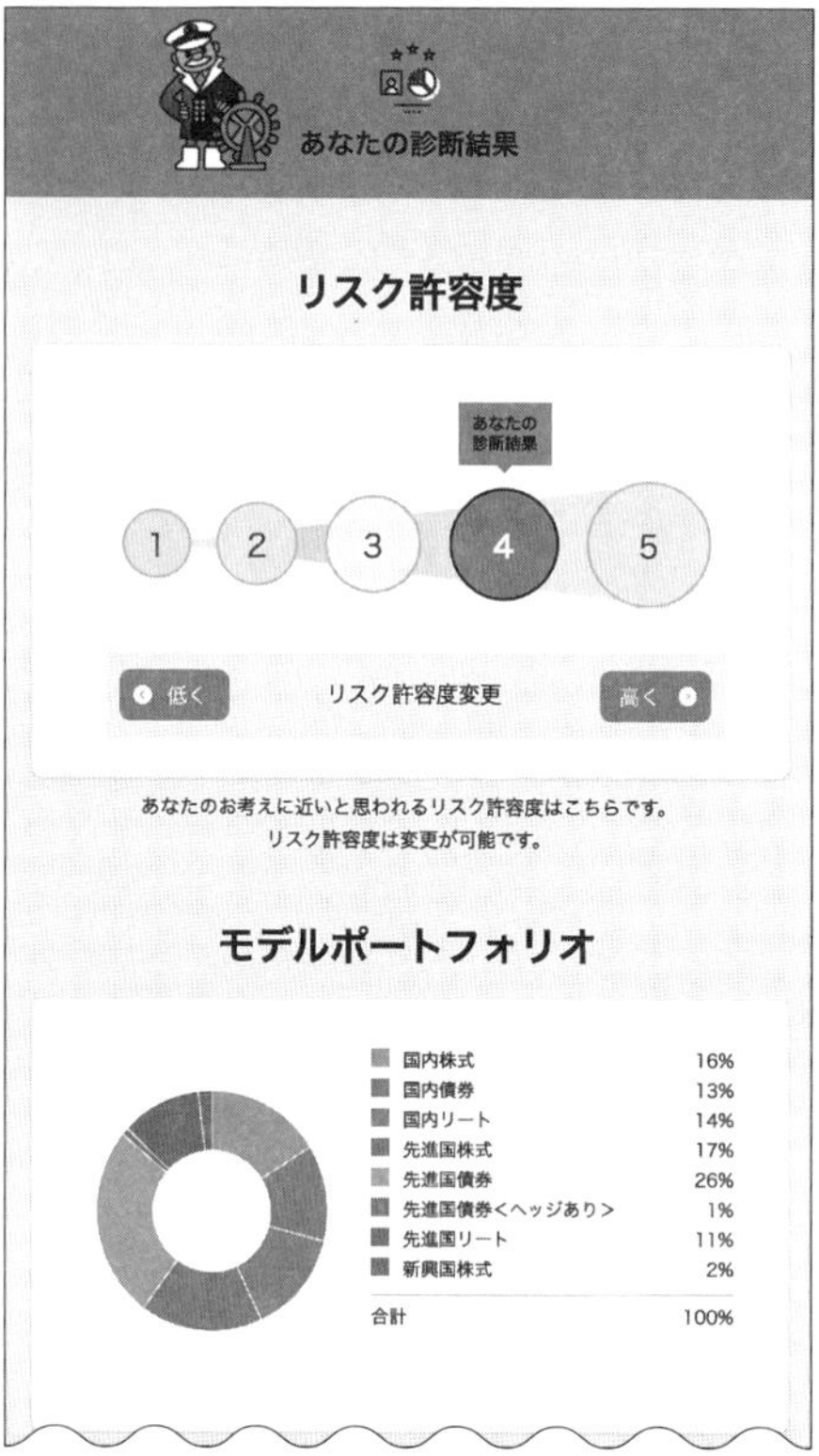


（出所）アセットマネジメントOne「キャプテンワン」のHPより著者作成

許容度を推し測るのです。質問に答えるだけなら誰でも無料で使えますので、ぜひ活用してみましょう。

アセットマネジメントOneのホームページにも「キャプテンワン」というロボアドサービスがあり、年齢や投資できる年数、投資への理解度などいくつかの質問に答えると、自分に合う資産配分の参考値を教えてくれます。ぜひ活用いただければ幸いです。

## 自分のリスク許容度に合ったものを資産の中心に

実は、このキャプテンワンのリスク許容度に合わせて資産配分した投資信託が「たわらノーロード最適化バランス」シリーズです。リスク許容度1は「保守型」、2は「安定型」、3は「安定成長型」、4は「成長型」、5は「積極型」となります。

積極型でリスクを取ったとしても、株式やREIT100%などのファンドと比べると、リスクは中程度です。自分はどれくらい株式を買っても大丈夫なのか、債券はどのくらい入れておけばよいのかなど、資産配分の参考になると思います。また、既存のバランスファンドを検討する際も、こちらの資産配分を参考にすると、そのファンドがどれくらいのリスク水準を想定しているのか、おおよそつかめるのではないでしょうか。

## 「たわらノーロード最適化バランス」の各ファンドの目標とするリスク水準とリターン特性および資産別の投資配分のイメージ

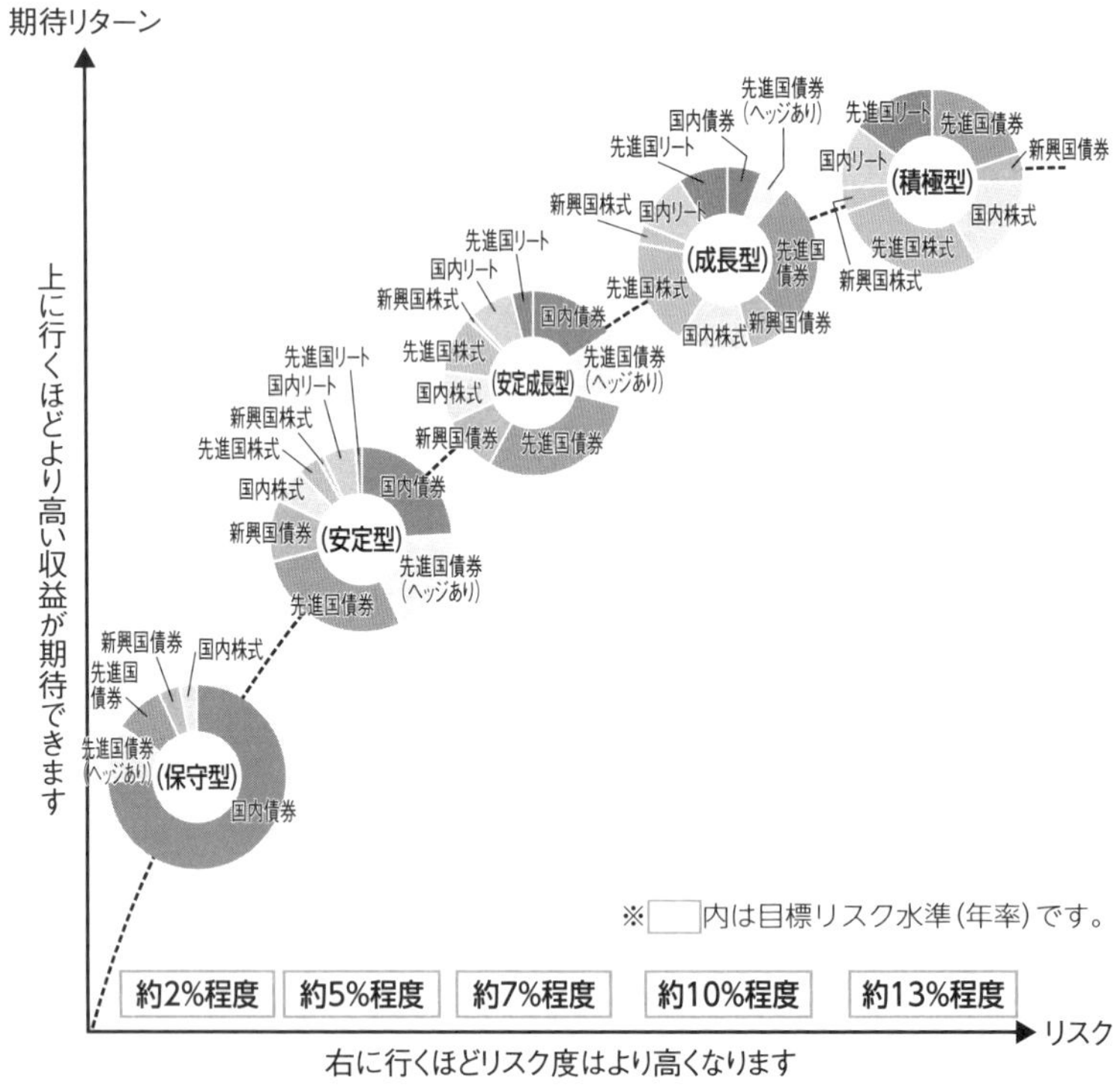


※各ファンドの資産別の投資配分のイメージは、2023年４月末現在のものです。

※各ファンドにおける実際の基準価額の変動幅が、目標リスク水準の大きさの順になることを保証するものではありません。

※目標リスク水準は今後変更される場合があります。

※上記はイメージ図であり、リスク水準とリターン特性を正確に表すものではなく、実際にはこれと異なる場合があります。また、将来の運用成果等を示唆・保証するものではありません。

※資金動向、市場動向等によっては、上記の運用ができない場合があります。

(出所)「たわらノーロード最適化バランス」の交付目論見書（2023年６月16日）より著者作成

バランスファンドは、資産配分によってさまざまなリスク・リターン水準になるため、自分のリスク許容度に合ったものを探しやすいファンドだと思います。さらにバランスファンドであれば、常にそのファンドの決めた比率の資産配分で運用してくれるため、基本的にリスク水準が運用途中で大きく変わることはありません。

自分でインデックスファンドを組み合わせて買うのももちろんよいですが、決めた比率で買っていっても、たとえば株価が上昇すると自分が保有する資産の中の株式の比率が増えて、その分資産全体のリスクも上がります。そのため、増えた株式を売り、ほかの資産を買い増すなどして、元の比率になるよう、自分で「**リバランス**」する必要が出てきます。

リバランスは手間がかかることもそうですが、利益が出ている資産を減らして、ほかの資産を増やすのは、心理的にも難しいものです。

バランスファンドであればファンドマネジャーが定期的にリバランスをしてくれますので、この手間が省けます。

手っ取り早く自分のリスク許容度に合ったファンドを見つけたいと考えるのなら、まずはバランスファンドから探してみてはいかがでしょうか。そのうえで、自分が投資したいものをプラスすることも考えてみましょう。

コラム

# 世界最大級の投資家は何を買っている？

ＧＰＩＦは世界最大級の投資家であると前のコラムでお伝えしました。では、その世界最大級の投資家は、どんなポートフォリオを組んでいるのかご紹介しましょう。

２０２０年４月からのＧＰＩＦのポートフォリオは、上の図表の通り、４資産を25％ずつで配分しています。これは、経済情勢や厚生労働省が実施する財政検証の結果、年金財政上必要な利回りを考慮し、最も低いリスクで運用する資産配分とされています。

ＧＰＩＦの資産構成は、５年ごとに見直され、その都度配分が変わっています。世界最大級の投資家の示す「現状、最も少ないリスクで年金に必要な運用成果を期待できる資産配分」ですので、参考にしてみるのもよいかもしれません。

GPIFの資産構成

| | 国内債券 | 外国債券 | 国内株式 | 外国株式 |
|---|---|---|---|---|
| 資産構成割合 | 25% | 25% | 25% | 25% |

（出所）年金積立金管理運用独立行政法人のＨＰより筆者作成

# 5-4 良質なインデックスファンドの見極め方

見るべき指数のポイントを解説

## どの指数を選ぶか

インデックスファンドは、ベンチマークとする指数（インデックス）への連動を目指すものです。しかし、インデックスファンドに投資している人でも、自分のファンドがどの指数と連動しているかを明確に答えられる人は少ないと思います。

たとえば同じ先進国株式のインデックスファンドでも、連動を目指す指数によって、組み入れ銘柄の種類や数が変わってきます。当然、値動きも変わってくるため、指数選びは重要です。新NISAのつみたて投資枠では、できるだけ広く分散できる指数が指定インデックスとなっていますが、どれがよいか迷ったら、前述した通り「何に投資したいか」を考えて指数を見ると、一歩差がつくファンド選びができます。

## 主なつみたてNISAの対象とする指数（抜粋）

| | | 日本 | 全世界 | 先進国 | 新興国 |
|---|---|---|---|---|---|
| 株式 | 単品でも組成可能 | ・TOPIX<br>・日経225 | ・MSCI ACWI Index<br>・FTSE Global All Cap Index | ・FTSE Developed All Cap Index<br>・S&P 500<br>・MSCI World Index | ・MSCI Emerging Markets Index<br>・FTSE Emerging Index |
| 債券 | 組合せでのみ組成可能 | ・NOMURA-BPI総合<br>・DBI総合 | ・Citi-group World Government Bond Index | ・Bloomberg-Barclays Global Aggregate Index | ・JP Morgan GBI EM Global Diversified |
| 不動産投信 | 組合せでのみ組成可能 | ・東証REIT指数 | — | ・S&P先進国REIT指数<br>・FTSE NAREIT エクイティREIT インデックス | — |

（出所）金融庁資料より著者作成
※つみたてNISAは、長期投資による資産の成長を目的とした制度であることから株式型のファンドが対象となっており、株式の指数でも地域別などの指数や株式以外の指数はバランス型のファンドのパーツとして指定されています。

指数にはさまざまなものがありますが、ざっくり種類を分けると、市場全体に近い構成銘柄の指数か、一部の銘柄に絞った指数かで分類することができます。国内の株式指数であれば、市場全体に近いのが「**TOPIX（東証株価指数）**」、絞られた銘柄の指数で代表的なのが「**日経225**」などです。米国株式なら、多くの銘柄で構成される指数が「**S&P500**」、絞られた指数としては「**ニューヨークダウ**」などがあります。

ちなみに、ニュースなどでよく聞くニューヨークダウは30銘柄しか組み込まれていないので、つみたて投資枠の指定インデックスには入っていませんが、指定インデックス以外というカテゴリーで、つみたて投資枠の対象になっているファンドもあります。

## 全世界株式型インデックスファンドの代表的な指数

では、現在購入している人も多い全世界株式型のインデックスファンドの指数はなんでしょうか。

最もメジャーなのは**MSCIオール・カントリー・ワールド・インデックス**（通称MSCI《エムエスシーアイ》 ACWI《アクウィ》）です。**MSCIワールド**という指数もありますが、これは先進国の株式で構成されたものです。MSCI ACWIはここに新興国株式などが加えられたものになります。もう1つ、**MSCIコクサイ**もあります。これはMSCIワールドから日本を除いたものです。

「コクサイ」なんてちょっと変わった名前ですが、これはもともと海外株式に投資をする日本の機関投資家のためにつくられた指数なのです。自分で海外株式や国内株式のインデックスファンドを買ってポートフォリオを組みたい場合などは、日本を含むか含まないかでファンドを組み合わせる必要があるので、覚えておくとよいでしょう。

もう1つ、全世界株式型ファンドの連動指数としてよく用いられるのが、**FTSE《フッツィー》グローバル・オール・キャップ・インデックス**です。MSCI ACWIとの違いは、組み入れ銘柄の多さです。MSCIは大型株中心ですが、FTSEは小型株までカバーします。銘柄数でいえば、MSCI

は約3000ですが、FTSEは約8000にもなるので、より広く分散できるのはFTSEです。

では、両者の値動きはどのくらい違うのかというと、実はそれほど大きく変わりません。FTSEは小型株が入っているからよりリターンを期待できそう、と思いますが、実際には時価総額の大きな銘柄ほど値動きが指数に与える影響も大きいため、小型株が10倍、20倍になろうと指数にはあまり影響がないのです。とはいえ、両者の投資先は、同じ「全世界株式」でも異なるので、「何に投資したいか」を考える際の材料にするといいでしょう。

## 「市場全体の指数」「通貨で表される指数」どちらを選ぶか?

全世界株式型ではなく、1つの国の中の指数になると、同じカテゴリーでもかなり値動きが違ってきます。たとえばニュースなどで「今日の日経平均株価は、3万2473円です」などと報道される際に参照されている指数は、日経225で、文字通り225銘柄で構成されています。もう1つ、よく聞く指数にTOPIX(東証株価指数)もあります。どちらも市場の動きを見る指数ですが、値動きは異なります。

では、プロはどちらの指数を重視しているかというと、TOPIXです。理由は、TOPIXは2000銘柄以上で構成されていて、市場全体の動きをよりリアルに表しているからです。

投資するうえで、市場の成長を自分の資産にも反映させたいのならば、市場全体に連動する指数をベンチマークとするインデックスファンドを選ぶのがよいでしょう。

しかし一方で、日経225のように「円」で表される指数にはわかりやすさがあります。ニュースでも報道されますし、昨日より上がった、下がったが記憶に残りやすいのは大事です。少し上がってきたからそろそろ利益を確定しよう、急に上がってリスクが増えてきたから投資額を抑えようなど、投資判断のしやすさにつながります。わかりやすさを重視するなら、このような表示がされる指数を選ぶのも手ではあります。

## 指数との乖離ができるだけ少ないものを選ぶ

**良質なインデックスファンドとは、指数との連動性が高いインデックスファンドです。**同じ指数をベンチマークにするファンドでどちらがよいか迷ったら、より指数との連動性が高いほうを選ぶとよいでしょう。理由は、指数との乖離が少ないファンドほど、うまく管理されているからです。

インデックスファンドは指数と連動させるために、日々入ってくるお金を組み入れ銘柄に配分して売買しなければなりません。配当の再投資や、銘柄の入れ替えもあります。刻々と変わる相場で、いかに連動性を保ち続けるかは、実は非常に高度なスキルが要求されるのです。

うまく資金管理ができないと、現金の保有比率が高くなってしまって、市場が大きく上昇したときにリターンが劣後します。取引価格も銘柄の売買も随時動いているため、狙った通りの金額や数で買えるとは限りません。できるだけ日中の価格変動の影響を受けないように、終値（その日の株式市場が閉まるときの株価）付近でシャッと買うのですが、こうしたテクニカルな部分で差がつくわけです。

指標にピッタリ連動するインデックスファンドは、それだけ腕のよいチームがついているということです。実際、プロの機関投資家などは、その乖離が0・01パーセントでも少ないところを選んでお金を預けています。

投信評価機関のファンドアワードなどを受賞しているファンドは、この乖離の小さいものが選ばれる傾向があります。

コラム

# MSCIの組入銘柄を見れば、上がる株がわかる?

MSCI ACWIの構成銘柄は、年に4回見直されます。この指数をベンチマークとしているファンドの運用報告書の全体版を見ると、前回入っていなかった銘柄は前期末の欄に「—」がつけられているので、新しくファンドに組み入れられた銘柄とわかります。MSCI ACWIと連動するインデックスファンドは、この構成銘柄をベースに買っていきます。

新しく指数に採用された銘柄などは株価が上昇基調にあるものが多くあり、組み入れられた後にさらに株価が上昇すれば、それが指数を押し上げる原動力になります。当然、投資家たちも注目しています。逆に、外れる銘柄は一斉に売りに出されるため、株価が下がる傾向にあります。

MSCI ACWIの組入、除外銘柄は事前に公表されるため、それを知っておけば組入銘柄見直し日に向けて、MSCI ACWIに連動を目指すインデックスファンドが売買する銘柄がわかります。ただし、それを見越して、先回りしようとする投資家は世界中にいるため、この情報自体で株価が変動することには注意が必要です。

# 5-5 ファンドの実力・リスクの見極め方

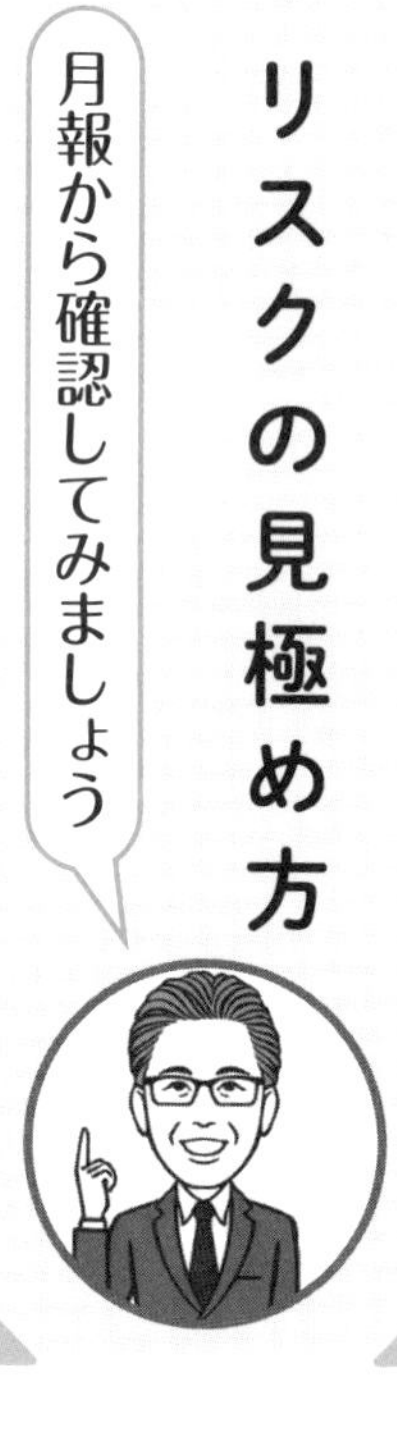


## 月報で自分が耐えられるリスクの限度がわかる

毎月、運用会社が出す「**月報**（**マンスリーレポート**）」には、ファンドの運用成績が掲載されています。ファンドの実力を知るために、交付目論見書（164ページを参照）と合わせてチェックするようにしましょう。過去のリスクとリターンがどのくらいだったか、といったことがわかります。

**まず、確認したいのがファンドのリスクです。**客観的なリスク許容度については、前述した通りですが、「どこまでの下落なら耐えられるのか」という主観的なリスク許容度（リスク選好度）については、実際に想像してみるほかありません。

そこでチェックしたいのが、そのファンドの過去の下落幅がどのくらいあったかです。直近でいえば、2020年3月のコロナショックで、どれくらい下落しているかを月報で見てみてください。コロナショックでの相場の下落幅は、10年に一度クラスの大きなものでしたので、このときの下落幅は参考になります。月報にはそのリアルな数字が出ているので、「ここまで下がっても耐えられるか」を知るには、最もシンプルでイメージしやすいでしょう。

**下げ幅を確認したら、自分の目標とする資産の額をそこに当てはめて、下落に耐えられるか想像してみましょう。**仮に、2000万円の目標を達成した翌月、コロナショックのような下落が来ても耐えられるかどうか、考えてみるのです。大きな経済ショックは、滅多にないとはいえ、起きるときは起きます。積立投資を始めたばかりで資産が小さいうちはショックも軽度で済み、むしろ安く購入できる機会にもなるのですが、資産が成長したときのダメージは甚大です。

コロナショックのときの下げ幅をリスク指標の1つとして捉え、ファンドを選ぶ、あるいは別のファンドに切り替えていくときの参考にされるとよいでしょう。

## 実力の比較は、相対的なリターンで見る

月報には、そのファンドの運用成績として「騰落率《とうらくりつ》」が記載されています。これは、現時点の基準価額が過去と比較してどのくらい上がったか、下がったかを示すものです。たとえば、3年

前と比べて現在はプラス43％となっていた場合は、基準価額が1・43倍になったことを表します。逆に、マイナス30％となっている場合は、基準価額がそれだけ下がったことを意味します。

ただし、騰落率だけでは、そのファンドの実力がすごいのか、すごくないのか実は判断がつきません。ほかのファンドも同じくらい伸びていれば、単に相場全体がよかっただけの可能性もありますし、後述しますが基準価額はそのファンドの実力を表していない場合も多いからです。騰落率を年率換算してから比較するなど相対的なリターンを見なければ、本当の実力はわかりません。

## ファンドの比較は基準価額ではなく、分配金再投資基準価額で

169ジペーでも触れたように、投資信託の〝値段〟を基準価額といいますが、単純に基準価額が下がっているからよくないファンド、上がっているからよいファンドとはいえません。「**分配金**」を出す、出さないによって基準価額の見え方は変わってくるためです。

ですので、ファンドを比較する際は基準価額ではなく、「**分配金再投資基準価額**」を見ます。分配金再投資基準価額は月報に記載されているチャートに、だいたい基準価額とセットで記載されています。

192、193ジペーの図は、アセットマネジメントOneが設定・運用している「One世界分散セレクト（Aコース）／（Bコース）（愛称：100年ギフト）」のチャートです。Aコースは分配金を出さないタイプ、Bコースは奇数月に分配金を出すタイプですが、運用内容はほぼ同じです。

Bコースの分配金再投資基準価額（193ジペー図表の灰色の線）を見ると、Aコースの基準価額（192ジペー図表の色のついた線）とほぼ同じ動きであることがわかります。分配金を再投資した場合、資産がどのくらい成長しているかを比較することで、比較条件が一律になり、実力を見比べやすくなります。ファンドのパフォーマンスをチェックするうえで参考にしていただければと思います。

交付目論見書や月報は一見すると難しく感じられるかもしれませんが、ポイントを押さえて読むとファンド選びがグッと面白くなります。ランキングや流行ではなく、自分なりのストーリーを持ってファンドを選ぶと、本書で繰り返しお伝えしてきた「投資スキルを磨く」ことにもつながります。

新NISAでの投資をより楽しく、充実したものにするためにも、ぜひファンド選びにもこだわりを持ってみてください。

## マンスリーレポート One世界分散セレクト（Aコース）

マンスリーレポート

**One世界分散セレクト（Aコース）／（Bコース）／（Cコース）**
**愛称：100年ギフト**

追加型投信／内外／資産複合
2023年9月29日基準

**Aコース**

**運用実績の推移**

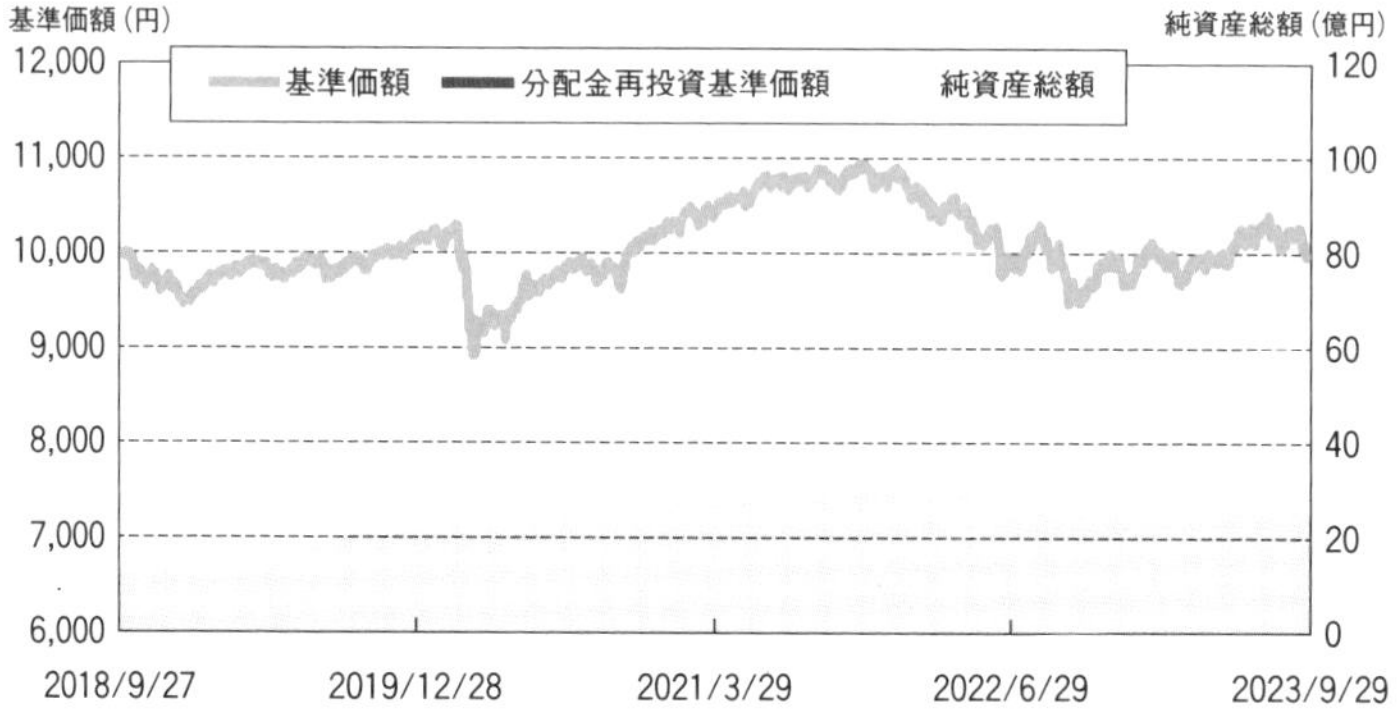


（設定日：2018年９月28日）

基準価額は１万口当たり・信託報酬控除後の価額です。なお、信託報酬率は「ファンドの費用」をご覧ください。

分配金再投資基準価額は、税引前の分配金を再投資したものとみなして計算したものであり、実際の基準価額とは異なります。

分配金再投資基準価額＝前日分配金再投資基準価額×（当日基準価額÷前日基準価額）

（※決算日の当日基準価額は税引前分配金込み）

基準価額は設定日前日を10,000円として計算しています。

上記は過去の実績であり、将来の運用成果等をお約束するものではありません。

**基準価額・純資産総額**

| | |
|---|---|
| 基準価額 | 10,000円 |
| 純資産総額 | 2,469百万円 |

※基準価額は1万口当たり。

**ポートフォリオ構成**

| | |
|---|---|
| Oneグローバル・ダイナミック・アロケーションファンドⅠ　Aクラス | 99.0% |
| DIAMマネーマザーファンド | 0.0% |
| 現金等 | 1.0% |

※比率は純資産総額に対する割合です。

（出所）「One世界分散セレクト（Aコース）／（Bコース）／（Cコース）」マンスリーレポート（2023年９月29日基準）より著者作成

## マンスリーレポート One世界分散セレクト（Bコース）

**マンスリーレポート**

**One世界分散セレクト（Aコース）／（Bコース）／（Cコース）**
**愛称：100年ギフト**

追加型投信／内外／資産複合
2023年9月29日基準

**Bコース**

**運用実績の推移**

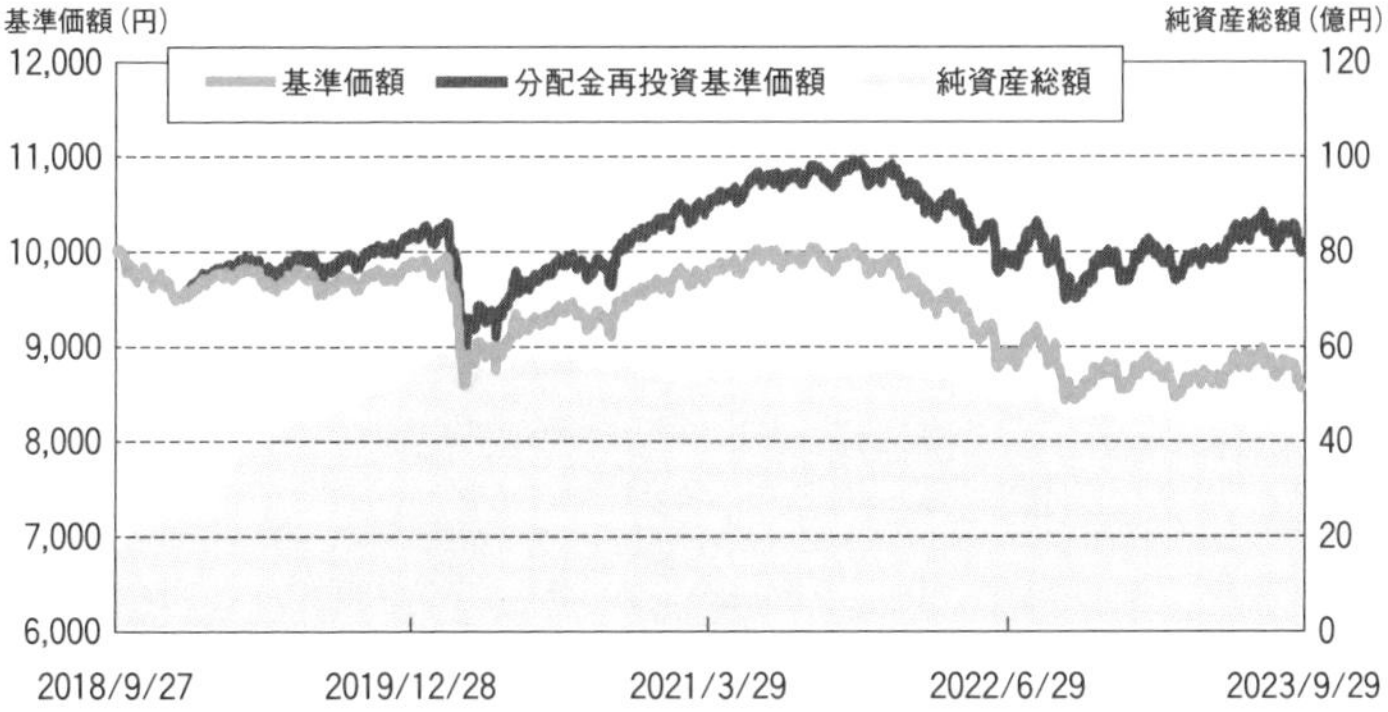


（設定日：2018年９月28日）

基準価額は１万口当たり・信託報酬控除後の価額です。なお、信託報酬率は「ファンドの費用」をご覧ください。

分配金再投資基準価額は、税引前の分配金を再投資したものとみなして計算したものであり、実際の基準価額とは異なります。

分配金再投資基準価額＝前日分配金再投資基準価額×（当日基準価額÷前日基準価額）

（※決算日の当日基準価額は税引前分配金込み）

基準価額は設定日前日を10,000円として計算しています。

上記は過去の実績であり、将来の運用成果等をお約束するものではありません。

**基準価額・純資産総額**

| | |
|---|---|
| 基準価額 | 8,561円 |
| 純資産総額 | 4,001百万円 |

※基準価額は1万口当たり。

**ポートフォリオ構成**

| | |
|---|---|
| Oneグローバル・ダイナミック・アロケーションファンドI　Bクラス | 99.0% |
| DIAMマネーマザーファンド | 0.0% |
| 現金等 | 1.0% |

※比率は純資産総額に対する割合です。

（出所）「One世界分散セレクト（Aコース）／（Bコース）／（Cコース）」マンスリーレポート（2023年９月29日基準）より著者作成

# あとがき

わが国は、これまでに経験したことのない急速な人口構造の変化に立ち向かおうとしています。2022年には政府が「資産所得倍増プラン」を公表しましたが、それに歩調を合わせるかのごとく、2024年からはNISA（少額投資非課税制度）が当初の予想をはるかに超えて拡充されます。

こうした背景には、1990年代にバブルが崩壊して、それまでの雇用制度や社会保障制度といった、この国を形づくってきたさまざまな制度の歪みが出てきたことがあります。年功序列や終身雇用は見直され、企業が従業員の退職後も手厚い制度で守ることはなくなりました。2020年度の社会保障給付費のうち、年金は55兆円を上回るほどに膨れ上がっています。

それでも、長く続いたデフレの時代には生活水準を維持できたのですが、2020年のコロナ禍や2022年のウクライナ情勢の影響を受けた原材料高、円安などにより、足元ではインフレが加速して家計を圧迫するようになっています。今後は生活防衛のための自助努力が必須となっ

てきています。

こうした環境において、お金に振り回されず、より良い未来を築いていくために、若い方々には時間を味方につけた計画的な資産形成を、ご年配の方々には保有されている金融資産を有効活用することが、とても大切になっていると考えています。

私が所属するアセットマネジメントＯｎｅ株式会社では、「投資の力で未来をはぐくむ」というコーポレート・メッセージを掲げ、投資家の皆さまに寄り添ったサービスや情報の提供を行っています。２０１８年から「わらしべ瓦版」というＷＥＢサイトを運営しており、投資初心者の人にわかりやすい情報発信を行っています。年金等の社会保障制度やライフプランニングの考え方と資産運用を掛け合わせたコラムは、とても好評を得ています。本書は「わらしべ瓦版」から生まれたと言っても過言ではありません。

さらに、２０２３年10月には「未来をはぐくむ研究所」を設立し、金融経済教育の企画立案・推進などとともに、資産形成および金融ウェルビーイングに関する情報発信・調査・分析等を行っています。さまざまな異業種企業とコラボしたコンテンツの制作や、グループ企業などの金融機関とタイアップした活動を始めています。

本書では、私のほかに3名の方々にお手伝いを頂きました。いずれも日本証券アナリスト協会認定アナリスト（CMA）やファイナンシャルプランナー、DCプランナー（企業年金総合プランナー）といった資格を保有しており、投資信託や確定拠出年金の業務の最前線で活躍するプロフェッショナルです。

少しでも多くの方に中立で客観的な情報をお届けしたいという思いで、レポートやセミナー資料、動画、コンテンツ等を制作し、ホームページやSNSで発信したり、セミナーなどで講演を行っているメンバーです。

本書の執筆にあたっては可能な限り正確な記述を心掛けましたが、もし記載内容に誤りなどがあればすべて筆者に帰属するものであり、ご容赦頂きたいと思います。

本書を手に取って頂いた皆さまが「自分らしくお金を活かせる未来」をつくるため、少しでも早く行動を起こして頂くことができましたら、これ以上の喜びはありません。

2023年11月

花村　泰廣

**【参考】アセットマネジメントOne　新NISA「つみたて投資枠」対象商品**

| 資産 | ファンド名称 |
|---|---|
| 海外株式 | たわらノーロード　全世界株式 |
| | たわらノーロード　先進国株式 |
| | たわらノーロード　先進国株式〈為替ヘッジあり〉 |
| | たわらノーロード　新興国株式 |
| | たわらノーロード　NYダウ |
| | たわらノーロード　S&P500 |
| | グローバル・ハイクオリティ成長株式ファンド<br>（為替ヘッジなし）（愛称：未来の世界） |
| 国内株式 | たわらノーロード　日経225 |
| | たわらノーロード　TOPIX |
| バランス | たわらノーロード　バランス（8資産均等型） |
| | たわらノーロード　バランス（堅実型） |
| | たわらノーロード　バランス（標準型） |
| | たわらノーロード　バランス（積極型） |
| | たわらノーロード　最適化バランス（保守型） |
| | たわらノーロード　最適化バランス（安定型） |
| | たわらノーロード　最適化バランス（安定成長型） |
| | たわらノーロード　最適化バランス（成長型） |
| | たわらノーロード　最適化バランス（積極型） |

※2023年11月現在

## 共著者プロフィール

### 佐藤　啓（さとう　ひろむ）

2007年、第一勧業アセットマネジメント（現：アセットマネジメントOne）に入社し、トレーダーやアナリスト、ファンドマネジャーなどマーケットに係る職種に8年間従事。現在は、投資信託のマーケターとしてHP、オウンドメディア、SNSの運営や広告制作の業務に従事。日本証券アナリスト協会 認定アナリスト（CMA）、1級ファイナンシャル・プランニング技能士。

### 本田英都（ほんだ　えいと）

2012年DIAMアセットマネジメント（現：アセットマネジメントOne）に入社。投資信託のパンフレット制作業務やDC導入企業への投資教育、DC向け投資信託の設定等、10年以上にわたり確定拠出年金をはじめとした投資信託業務に携わる。現在は、同社DC推進グループにてDC向け投資信託の販売促進・企画立案・金融教育活動・情報発信等を実施。日本証券アナリスト協会 認定アナリスト（CMA）、1級DCプランナー（企業年金総合プランナー）。

### 西岡薫子（にしおか　かおるこ）

1999年、銀行事務受託会社に入社し、銀行のバック業務を経験。2005年、興銀第一ライフ・アセットマネジメント（現：アセットマネジメントOne）に入社後、DB・DCのRFP業務を中心に従事し、またDC向け商品開発から金融機関へのデューデリなど経験。2016年よりDC加入者向けレポーティング業務から加入者向け投資教育まで一貫して従事し、現在は、同社DC推進グループにて、DC向け投資信託の販売促進・企画立案・金融教育活動・情報発信等を実施。2級DCプランナー（企業年金総合プランナー）。

花村泰廣（はなむら　やすひろ）

1986年大和証券に入社し、外国債券のディーリング業務や米国株のリサーチ業務などを経て、1999年にモーニングスターの創業期に参画し、ファンドアナリストの先駆けとなる。2006年に興銀第一ライフ・アセットマネジメント（現：アセットマネジメントOne）に入社し投資信託の商品開発に従事。その後は、投資信託のパンフレットやホームページの制作、各種シミュレーション・ツールの開発等の業務を担当するなど、37年にわたって一貫して投資関連業務に携わる。現在は、アセットマネジメントOne未来をはぐくむ研究所 主席研究員。日本証券アナリスト協会認定アナリスト（CMA）、１級ファイナンシャル・プランニング技能士、１級ＤＣプランナー（企業年金総合プランナー）、金融コンプライアンス・オフィサー１級。

目的別《もくてきべつ》・年代別《ねんだいべつ》のシミュレーションで徹底解説《てっていかいせつ》

新《しん》NISA《ニーサ》を最大限《さいだいげん》使《つか》いこなすにはどうすればいいですか？

2023年12月10日　初 版 発 行
2024年２月10日　第２刷発行

編著者　花村泰廣 ©Y.Hanamura 2023
発行者　杉本淳一

発行所　株式会社日本実業出版社　東京都新宿区市谷本村町３−29 〒162−0845
編集部　☎03−3268−5651
営業部　☎03−3268−5161　振　替　00170−１−25349
https://www.njg.co.jp/

印 刷・製 本／新日本印刷



ISBN 978−4−534−06063−1　Printed in JAPAN